Walther Rohdich
Meine Kriechtiere und ich

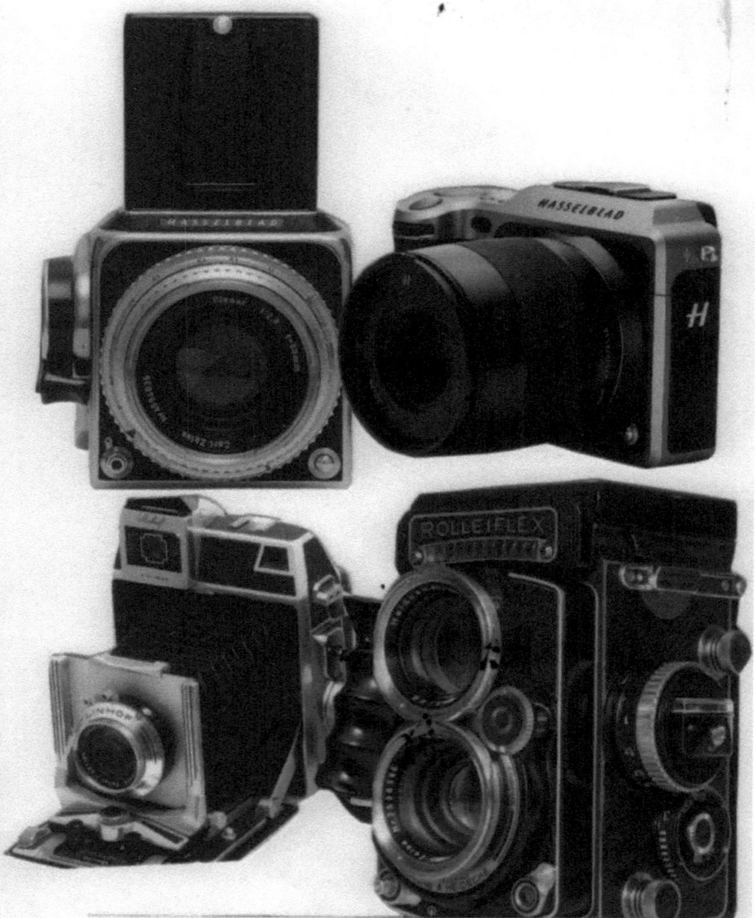

vier der benutzten Kameras: Hasselblad 500C und X1D-50
Linhof Technika 6x9 und Rolleiflex

W a l t h e r
R o h d i c h

Meine Kriechtiere und ich

Achtzig Jahre mit Tieren auf Du

Bibliografische Information der Deutschen Nationalbibliothek:
Die Deutsche Nationalbibliothek verzeichnet diese Publikation in der Deutschen Nationalbibliografie; detaillierte bibliografische Daten sind im Internet über http://portal.dnb.de abrufbar.

ISBN 978-3-96103-634-9

www.rediroma-verlag.de
19,95 Euro (D)

Inhaltsverzeichnis

Vorwort und das erste Jahr

Vorab gelten die ersten Zeilen dieses Buches dem Titel: Er sollte heißen „Meine Reptilien, Lurche, Kriechtiere, Amphibien und ich“. Weil aber Buchtitel nach altem Brauch kurz und prägnant sein sollen, habe ich den Titel „Meine Kriechtiere und ich“ gewählt. Erfasst habe ich aber in „80 Jahre mit Tieren auf Du“ alle jene Schlangen, Eidechsen, Molche, Schild- und Erdkröten, Unken, Salamander und Frösche, die mir untergekommen, vor meine Kameras geraten und damit verewigt worden sind. Von ihnen allen lebt natürlich niemand mehr…

Sehe ich von meinen ersten zehn Lebensmonaten ab, so gibt es keine tierlose Zeit für mich. Aber dann, es war Weihnachten 1930, hörte sie auf, diese Zeit, denn Weihnachten war schon damals auch für Kleinstkinder Geschenkzeit – nur kam es selten vor, dass die genannten Tierarten einem noch nicht einmal Einjährigen unter den Weihnachtsbaum und auf den Gabentisch gelegt wurden. Ich habe noch alle Personen durch Hörensagen im Kopf, die mich damals, am 24. Dezember 1930, übrigens ein Mittwoch, mit gutem Willen beschert haben; ich zähle sie hiermit auf.

Erstens Vater, der mir eine Weichgummi-Smaragdeidechse schenkte, die, wenn ich ihren Körper mit meinen kleinen Pfötchen drückte, wie ein Baby zu quieken begann.

Zweitens Mutter, die mir eine ebenso weiche dunkelbraune Erdkröte schenkte, welche, wenn ich sie mit meinen Fäusten zu erwürgen drohte, das Maul so weit aufsperrte, dass ich ihren roten Magen innen betrachten konnte.

Drittens Tante Gertrud, Vaters Schwester, die auf die sinnige Idee kam, eine Plastik-Ringelnatter zu schenken, die desto mehr ringelte, je öfter man sie bewegte.

Viertens Großmutter Hedwig, Vaters Mutter und Frühwitwe, auch Witib genannt, welche einen grünen Blechfrosch mitbrachte, der mit einem Schlüssel aufgezogen werden musste, - was ich natürlich noch nicht konnte -, und dann Sprünge vollzog, dass man ihn mit echten Wasserfröschen im Gartenteich verwechseln konnte.

Fünftens und letztens mochte auch Kindermädchen Auguste nicht zurückstehen und schenkte einen aufrecht stehenden, gelb und schwarz gefärbten Kerl, Lurchi genannt, den ich hin- und herbiegen konnte.

Später, viele Jahre später und kaum klüger geworden, hat die engere Familie, jetzt siebenköpfig, herumgesessen und gerätselt, warum mir diese Massenansammlung von Kriechtieren vermacht worden sei? „Nomen est omen" oder „Nomen omen est"? Diese Gedanken-Zwickmühle wurde nie zu Ende gedacht. Eines aber war an diesem 24. Dezember in Gang gesetzt: Dass ich ab sofort alles Tierische scharfen Beobachtungen unterzog und dass „Beobachtung der freien Natur" und auch der häuslichen zu meinen Lebensgewohnheiten mutierte.

* * * * * *

Diese meine kühnen Behauptungen verlocken zu Vergleichen. Zum Beispiel zur Frage: Womit stellte man früher naseweise und neugierige Kleinkinder ruhig? Antwort: heute mit Fernsehen, früher mit nah gucken. Das Fernsehen kennt natürlich heute jeder Mensch, dem sich die Augen öffnen. Aber das Nahgucken? Ich muss es erklären. Von der Zeit an, wo Kinder im offenen Wagen sitzen können, werden sie richtige „Sehkinder“. In meinem Fall genügte es, mich in die Nähe von Peter und Petrus zu setzen, zwei echte Aquarianer in Gold und Rot, dazu ihr Freund, der Goldfisch Schleierschwanz Goldie, und ihnen bei Revier- und Paarungskämpfen zuzusehen. Oder man schob den Kinderwagen dicht an Florian und Floria heran, zwei gelbe Sänger vorm Herrn, welche von den Kanaren abstammen sollten. Ihnen zuzuhören soll mein Gehör geschärft haben, während die drei Goldfische meine Vorliebe für deren Farben aktualisiert haben sollen.

Als ich nach 365 Tagen ein Jahr alt geworden war, gab es zwar keine Geburtstags-, aber Anschauungsgeschenke: Denn mein Bruder sechs Jahre vor mir war auf die Idee gekommen, ein Terrarium herzurichten. Diese Tierhaltung war damals, ehe A. H. kam, stark im Kommen, und flinke Jungens und fixe Mädchen brauchten nur an den Stadtrand zu gehen oder mit dem Fahrrad dorthin zu fahren, wo es Eidechsen und Erdkröten in Hülle und Fülle gab: Die ersteren brauchten Sonne, die letzteren Dämmerung, Nacht und Feuchtigkeit. (Ich werde auf diese Zeitgenossen noch ausführlich zurückkommen). Mein Bruder lieh sich von einem Freund ein Terrarium, richtete es mit Sand, Steinen, Heidekraut, Verstecken und einem Miniteich ein und setzte ein Paar (Pärchen) Zauneidechsen (Wildfänge) hinein. Ich durfte zusehen, wie er sie aus einer Schachtel nahm und mir auf der flachen Hand präsentieren wollte. Die von der dunklen Gefangenschaft apathisch erscheinenden Tiere schnellten jedoch von seiner Hand, sprangen in meinen offenen Kinderwagen und waren im Ruckzuck zwischen Kissen und Zudecke verschwunden. Ich soll vor Freude gequiekt haben. Meine ersten 365 Lebenstage gingen mit Suche, Wiedereinfangen und ins Terrarium -Setzen der beiden Ausreißer (*Lacerta agilis*) zu Ende…

Zwei, drei und vier Jahre alt

Man wird sich vorstellen können, dass der oben angedeutete Weg ziemlich konsequent weitergeführt wurde: Tiere schienen mein Leben bestimmen zu wollen. So wurde ab 2, als ich in der Wohnung nach eigenem Gusto herumlaufen konnte, der schon erwähnte Wintergarten mein bester Fern- und Nahsehplatz. In Vaters großem Chefsessel sitzen und durch das Panorama-Fenster in den blauen, belebten Himmel schauen oder aufs klare Glas innen, die beide für ein aufgewecktes Kind viele Motive zum Beobachten boten: Draußen flogen Vögel, Schmetterlinge und Flugzeuge vorbei, drinnen, an den Scheiben rauf und runter, dicke Brummer, Marienkäfer, im Mai Mai- und im Juni Junikäfer, welche durchs Oberlicht hereingebrummt kamen. Die von meinem Bruder inhaftierten Zauneidechsen waren eingegangen, denn niemand wusste, dass sie Winterschlaf einhalten müssen. In einem großen Einmachglas wurde ein Laubfrosch *(Hyla arborea),* gefangen gehalten, der auf einer hölzernen Leiter das Wetter voraussagen sollte: Blieb er unten, gab's Regen, stieg er hinauf, war Sonnenschein angesagt – das war natürlich völliger Unsinn und ist heute streng verboten. Interessant war für mich zu beobachten, wie ein Pärchen Rauchschwalben *(Hirundo rustico)* das geöffnete Oberlicht nutzte, um hereinzufliegen und mit dem Bau eines Nestes an der Zimmerdecke zu beginnen. Als Auguste das sah und empört mit dem Besenstiel „den Dreck" wegmachen wollte, empörte sich auch die ganze Familie – das Pärchen konnte weitermachen und zog eine

Brut von fünf Jungvögeln auf; die zweite Brut im Juli wurde ihm freilich verwehrt – keine Hausfrau sieht gern Vogeldreck im Wohnzimmer!

* * * * * *

Mit 2 nahm man mich mit in den Zoologischen Garten der Stadt. Ich war schon gut zu Fuß oder wurde in einem Zoo-Bollerwagen herumgefahren. Noch war jedes Tier, von der weißen Maus bis zum grauen Elefanten, für ein Kind interessant, doch schienen meine Eltern festzustellen, dass meine Augen im Tropenhaus vor Alligatoren, Riesenschlangen, Schildkröten, Fröschen und Chamäleons besonders zu strahlen begannen. (Ich teile hier schon einmal mit, dass ich nur wenige Jahre später Stammgast bei den Reptilien und Eidechsen wurde.) Mit 3 machten mich meine Brüder zum Sammler: Die allzeit rege Zigaretten-Industrie gab nämlich Sammelalben heraus, welche „Durch Wald und Flur", „Säugetiere", „Kriechtiere", „Vogelwelt" aber auch „Soldaten", „Kriegsschiffe" und „Berühmte Männer" hießen. Ich bekam „Kriechtiere" zugewiesen. In allen Naturalben waren die Aufnahmen, an der damaligen Technik gemessen, sensationell aufregend. Aber die meisten dieser Alben haben den Krieg nicht überstanden.

Mit 3 zog mich unsere Auguste wöchentlich zweimal in den Zoo, erstens, weil sie dort einen der jungen Tierwärter anhimmelte, und zweitens, weil sie sich im warmen Tropenhaus gemächlich ausruhen und ein Nickerchen machen konnte, während ich eine Anakonda minutenlang anstarrte und sie mich. Hier begann eine Freundschaft zwischen Zoowärter Egon Krassmann (Name geändert!) und mir, die sich bis in den Krieg, - in dem er fiel -, am Laufen hielt und mich früh in allen Tierangelegenheiten überschlau machte. Hier traf ich auch einen Zehnjährigen, der sich in meine Richtung zu entwickeln schien und mich fragte, ob ich seine drei Terrarien kennenlernen möchte. Er wohnte eine Viertelstunde entfernt außerhalb der Innenstadt. Auguste und meine Eltern stimmten zu. Als Auguste mich an einem Nachmittag zu Hermann (Name geändert) begleitete, sahen wir beim Gang durch den Schlosspark eine nach meiner Ansicht „riesengroße grüne Eidechse" vor uns flüchten und einen mächtigen Baumstamm emporklettern. Hermann kannte dieses Tier schon:

„Das ist eine ausgebüxte Smaragdeidechse (*Lacerta viridis*), die hier im kalten Norddeutschland im Freien nicht lange überleben wird."

Hermann hatte in seinem großen Jugendzimmer drei Terrarien in Quadratmetergröße aufgestellt: für Eidechsen, Erd- und Schildkröten. Diese Tiere waren alle, wie damals üblich und erlaubt, Wildfänge aus der Natur und nie richtig handzahm. Wenn er den Eidechsen, es waren Waldeidechsen (*Lacerta vivipara*) und Mauereidechsen (*Lacerta muralis*), etwas natürliche Sonne gönnen wollte, nahm er sie in einem handlichen Käfig, der mit Fliegendraht abgesichert war, nach draußen in den Garten, wo diese nach meiner Meinung bedauerlichen Tiere in der warmen Sonne regelrecht badeten. Ich begriff natürlich mit 3 keines der Probleme, mit der eine solche Tierhaltung damals behaftet war, wuchs aber dennoch langsam aber sicher in die Probleme hinein.

Mit 4 habe ich leider die gute mütterliche Auguste so zu Tode erschrocken, dass sie eine Weile den schmucken und geschniegelten Wachsoldaten vor dem Generalkommando vergaß. Er hieß Adalbert (Name geändert) und schien ihr der passende Ehemann zu sein, A.H. (Name gekürzt, aber jedermann bekannt) neue kleine Soldaten für die Wehrmacht (ehemals Reichswehr) zu schenken. Also das Erschrecken. Auguste machte auch unsere Wäsche fertig und kontrollierte im Auftrag Mutters vor allem die Hosentaschen. Was kann in den drei Hosentaschen (zwei seitlich, eine rechts hinten) eines Vierjährigen schon Verdächtiges versteckt sein? Nun, rechts befanden sich drei kleine Mumien von Grasfröschen (*Rana temporaria)*, vertrocknet wie Leder, aber großmäulig und glotzäugig wie lebendige Wesen. Augustes spitzer Erschreckungsschrei nebst ihrem Ohnmachtsanfall drang in Mutters Ohren. Es setzte bei Mutter weder Ohrfeigen, in Bayern Watschen genannt, noch Taschengeldentzug, aber ganz und gar ernsthafte Vorhaltungen wegen Mordversuch, „der vom Gericht hier bei uns gegenüber mit zehn Jahren Zuchthaus quittiert wird".

„Im Zuchthaus", ergänzte einer meiner Brüder, „gibt's nur Wasser und Brot zu essen."

Na, so etwas kann kleine Kinder nicht schrecken. Aber es traf mich tief, dass Auguste meinetwegen solche Malessen hatte. Und es traf sie ein zweites Mal! Und wieder stellte ich mir die Frage: Was kann an Kaulquappen so Hässliches sein, dass eine Frau, die in der Küche Fische zerlegt und Hühner aufmacht, um ihre Gedärme hervorzuzerren, was also können Kaulquappen, die ja eigentlich Froschkinder sind, an sich haben, dass Auguste bei ihrem Anblick Atemstillstand bekam und sich ratzeputz im Badezimmer übergeben musste? Ich gebe ja zu, dass ich selbst in einer halbvollen Badewanne für mein Kindermädchen einen angenehmeren Anblick biete als hundert Kaulquappen.

„Ich hab's ja nicht absichtlich getan!", wehrte ich mich und meine Brüder mahnten, „Auguste solle sich nicht so anstellen wie ein Pipimädchen!" Das stimmte gleichwohl. Bruder Wolfgang vertraute mir danach an:

„Was du da gemacht hast, war ganz in Ordnung, aber Kaulquappen kann man nicht in Badewannen großziehen. Wir werden dir im Garten ein Wasserloch bauen, da kannst du sie reintun und ihre Metamorphose beobachten."

„Was ist eine Metamorphose?"

Wolfgang holte Meyers Lexikon hervor und rezitierte:

„In der Biologie meint Metamorphose die Umwandlung von einer Larve zum ausgewachsenen Tier. Wobei sich die Larve im Aussehen und in ihrer Lebensweise vom erwachsenen Tier unterscheidet, wie zum Beispiel die Kaulquappe vom Frosch. - Kapiert?"

„Und was ist Biologie?"

„Ach was bist du blöd", fuhr Wolfgang ungeduldig auf, „das bedeutet Lebenskunde. - Kapiert?"

Ja, so waren sie, diese Älteren und so genannten Erwachsenen! Immerhin war Wolfgang noch jung genug, wie er mir stickum (leise) anvertraute, einer hübschen Sekretärin in Vaters Büro eine tote Ratte in die Schublade zu legen!

* * * * * *

Bruder Wolfgang machte sein Versprechen wahr: Er grub im Garten eine Quadratmeter-Kuhle, (Erdloch), einen halben Meter tief, ließ sie voll Wasser laufen und die Kaulquappen zogen von der Badewanne hierher um. Damit sie nach der Metamorphose an Land klettern konnten, legte er eine Dachlatte als Laufsteg an. Doch oh weh: Ich erlebte zum ersten Mal in meinem zarten Alter, dass im Leben ein

Sinnspruch galt: „Fressen und Gefressenwerden“! Denn die abends im Garten so lieblich und wohltuend singenden Amseln, auch Schwarzdrosseln genannt, betätigten sich als Raubvögel: Sie lauerten den Minifröschen auf, die tatsächlich nun keinen Schwanz mehr, aber dafür vier Beinchen hatten, pickten auf sie und schlangen sie in einem Happs hinunter.

„Na wartet“, sagte Wolfgang böse grollend, „denen werd‘ ich‘s zeigen, kapiert?“

Nicht kapiert! Er holte sein Luftgewehr, legte sich zehn Meter vom Teich entfernt auf die Lauer und erschoss vier der hungrigsten Amseln. Danach montierte er eine Lage Fliegendraht über das Gelände und die meisten Kleinfrösche konnten sich über unseren Garten verbreiten – wenn das nicht angewandter und praktizierter Naturschutz war!

Fünf Jahre alt

Im Frühjahr 1935 fand ich eines Tages im Keller eine Erdkröte (*Bufo bufo*), die wohl durchs ebenerdige Kellerfenster hereingekommen war und dort hopsgegangen wäre. Ich nahm sie hoch, wobei sie mich als Dankeschön bepinkelte, und tat sie in der Gartenlaube in ein ausgedientes Terrarium. Als Versteck diente ihr ein umgestülpter Blumentopf, in den mein Bruder einen richtigen Torbogen als Einstieg gesägt hatte. Niemand hatte mit gesagt, weil niemand es wusste, dass frisch gefangene Tiere so lange jede Nahrungsaufnahme verweigern, bis sie es vor Schmacht nicht mehr aushalten konnten. „Bufi“, so hieß sie neuerdings, verhielt sich so. Aber ich konnte sie austricksen: Mit einer langen Briefmarkenpinzette hielt ich ihr einen Regenwurm vors Maul. Und schwuppdiwupp, ihr Breitmaul öffnete sich, ihre rosa Zunge schnellte vor und der arglose Wurm verschwand im Magen Bufis und fand dort jene Dunkelheit, die er so liebte. Ihm folgten Raupen, Motten, Käfer, Brummer und Schnecken, die ich ihr servierte, bis mir dieses Spiel zu viel Zeit raubte, die ich anderen Lebewesen zukommen lassen wollte – Bufi wurde freigelassen und machte hier ihren Winterschlaf. Man lese und staune: Im März 1936 kam sie hervor und legte ihren Laich, (ihre Eier) in das von Wolfgang angelegte Erdloch – wenn das nicht hilfreicher Naturschutz war!

Anfang 1935 kam ich mit Bruder Martin, ein Jahr älter, in den Kindergarten. Wir wollten nicht, er wollte lieber mit seinem Stabilbaukasten arbeiten, ich mit meinem Matadorbaukasten, beides sehr verständlich und begreiflich. (Stabil ist ein Metall-, Matador ein Holzbaukasten). Man versprach uns:

„Im Kindergarten könnt ihr nach Herzenslust spielen, Tiere gibt's da auch und die Schwestern, (katholische Nonnen, auch Schwarzkittel genannt), sind sehr kinderlieb, zärtlich und behutsam."

„Alles gelogen", stellte sich heraus. (Heute würden sie ihrer Ämter vom Bischof enthoben!) Pünktlich nach „Dienstbeginn" mussten alle Kinder antreten und einen Kreis „Händchen an Händchen" um den Mittagstisch bilden. Beim Ansingen wurden tatsächlich Tiere erwähnt:

„Alle meine Enten, schwimmen auf dem See..."

Eine Nonne klatschte den Takt und befahl: „Um den Tisch herum, Kinder!"

Martin trat aus der Reihe, ich folgte ihm: „Das machen wir nicht mit!"

„Dann untern Tisch mit euch, ihr evangelischen Lümmel!"

Das taten wir. Ich erinnere mich noch heute der nackten und bestrumpften Kinderbeine, einige mit Strumpfhaltern wie bei Mädchen, und Martin und ich schnappten nach ihnen. Nun denn: Das war unser erster und letzter Tag im Kindergarten!

* * * * * *

Bücher – Kinderbücher!

„Wann kann ich lesen, Vati?“

„Nächstes Jahr, wenn du zur Schule kommst.“

„So lange mag ich nicht warten, Vati.“

Auguste hörte mit und meinte, „das bisschen Pädagogik, welches es in der Volksschule gibt, kann ich auch lehren“.

Große Worte, gelassen ausgesprochen. Aber es wurde eine Art von Pädagogik, die heute unbekannt ist und vielleicht schon von den alten Römern, Griechen, Ägyptern und Germanen praktiziert wurde.

„Alle Buchstaben gemeinsam bilden das Alphabet und werden klein und groß geschrieben und heißen A, Be, Ce, De, E und so weiter bis Zett.“

Auguste fuhr mit einem Zeigefinger die Buchstabenreihe längs und befahl:

„Sag mir ein Wort mit A.“

„Affe.“

„Eins mit Be.“

„Büffel.“

„Eins mit Ce.“

„Zecke.“

„Falsch, aber du kannst noch nicht wissen, wann Ce und Zett dran sind. Eins mit De.“

„Dackel.“

„Eins mit E."

„Esel."

„Immer nur Tiere?"

„Ekel, sagt Wolfgang zu mir."

„Musst auf ältere Brüder nicht hören, hörste?"

Ja, es war ein Genuss, bei und mit Auguste zu lernen. Sie wandte ihre Methode auch beim Rechnen an, und zwar statt mit Tonmurmeln mit Essbarem; manchmal kamen auch Salmiakpastillen von Haribo an die Reihe und Lakritzstangen, als es ans Teilen ging. Diese Leckereien werden mich, so sei's schon jetzt gestanden, jahrzehntelang begleiten und mir und sehr, sehr vielen Tieren Freude bereiten - „Haribo macht auch Tiere froh!"

Fazit der Bemühungen Augustes: Als ich 1936 in die Johannis-Volksschule ging, konnte ich in den Zigaretten-Alben fast alle Tiernamen von „Albatross-Weibchen bis Zikadenmännchen" lesen. Im Jahr 1935 erfuhr Großvater mütterlicherseits Karl Lemm aus Eicklingen bei Celle, dass er einen Enkel habe, der sich mehr für Tiere interessiere als für Bonbons und Schokolade.

„Er soll in den Sommerferien herkommen", befahl er seiner Tochter, meiner Mutter. Sie gehorchte. Er war beamteter Oberförster in der Lüneburger Heide und nicht nur an beschießbarem Wild und gutem Wuchs seiner Bäume, sondern auch an allem, „was da kreucht und fleucht", leidenschaftlich interessiert.

„Ehe ich ins Gras oder ins Heidekraut beiße", schrieb er, „möchte ich mein Wissen an einen Enkel weitergeben."

Tatsächlich war er es, der meinen Wunsch, Grünrock zu werden, weckte und förderte – vergebens! Großvater und Großmutter Lemm waren herzensgute Menschen, die so gar nicht in die aufkommende Zeit passten. (Er machte es noch bis 1941, sie erlebte das Jahr 1953). In meinem Buch „Meine Wildtiere und ich“ habe ich beschrieben, wie er mir „sein Wild“ wie Hirsche, Wildschweine, Füchse und Dachse vorführte. Hier ist unser Thema aber das Leben von Reptilien etcetera. Ich gewann die Herzen dieser Großeltern dadurch in ganzer Tiefe, dass ihr Dachshund „Petzi“ mich wie einen alten, seit Ewigkeiten erwarteten Freund behandelte.

Und hier war es, das Leben der Kleintiere, deutlich vielseitiger als in meiner Heimatstadt, zu beobachten. Ich lernte bei Großvater Lemm in freier Wildbahn neu kennen: Blindschleichen, Ringelnattern, Würfelnattern, Glattnattern, Kreuzottern, Feuersalamander, Kamm- und Teichmolche, Kreuz- und Wechselkröten, Europäische Sumpfschildkröten, Gelb- und Rotbauchunken und andere Raritäten, die zu Hause nur im Tierhandel und bei Terrarianern zu sehen waren.

Für einen Fünfjährigen ist auch heute noch die Kreuzotter (*Vipera berus*) eine zu fürchtende Schlange. Großvater zeigte mir, wie sie zu behandeln ist, will man sich näher mit ihr befassen.

„Mach dir einen Gabelstock und drück ihn ihr in den Nacken oder halt sie unter deinen Schuhen am Boden fest.“

„Und wenn sie beißt, Großvater?“

„Durch gute Lederschuhe kann sie nicht beißen.“

Und er trat auf ein Männchen, das sich neben einem Erikastrauch sonnte, packte es mit Lederhandschuhen hinterm Kopf und führte mir ihr aufgerissenes Maul mit den beiden Giftzähnen vor. Das Tier war sehr aufgebracht und spuckte Gift und Galle gegen uns. Ich war enttäuscht von seiner geringen Größe, die nicht einmal 75 Zentimeter betrug und verlor auf der Stelle meine Furcht vor einheimischen Schlangen. Das brachte mir ab der höheren Schule, die aus Knaben Angeber und Strunzer macht, viel Ärger ein, als einige Mitschüler „mit Kämpfen" reüssierten, die sie mit giftigen Schlangen überstanden haben wollten. (Dass mich eine Kreuzotter dann doch „erwischte", darüber werde ich später berichten.)

Bedeutend aggressiver benahm sich eine Ringelnatter (*Natrix natrix*) von 120 Zentimeter Länge, die Großvater aufnahm, sich um seinen Arm wickelte, und die ihn von oben bis unten beschiss und sich im Ärmel festbiss. Als er sie losließ, war sie in einem Tempo im hohen Bewuchs verschwunden, welches selbst Rennfahrer Rudolf Caracciola nicht hätte aufbringen können. Der Spaziergang mit Großvater mauserte sich zu einer Super-Safari: Blindschleichen kannte ich bisher nicht, hier gab es sie auf warmen Waldlichtungen ziemlich zahlreich.

„Diese wie eine Schlange aussehende Echse", belehrte mich Großvater, „stellt das Bindeglied dar zwischen Eidechsen und Schlangen. Wenn man eine totmacht und auseinander nimmt, was wir unterlassen, kann man im Skelett letzte Rudimente ihrer Beine erkennen."

Ich möchte hier dazwischen schieben, dass ich den Inhalt derartiger Belehrungen für immer im Kopf behielt – im Gegensatz zu jenen, die Schullehrer und andere Prediger von sich geben. Großvater nahm das harmlose doch hübsche Tier hoch, es war kaum 20 Zentimeter lang, und ich fühlte einen festen bronzefarbenen Körper und sah jene winzigen Augen an, die unseren total zu ähneln schienen.

„Sie ist am nächsten verwandt“, erklärte Großvater weiter, „mit der Waldeidechse Lacerta vivipara, vivipara ist lateinisch und heißt auf deutsch lebendgebärend.“
Und er teilte mir mit, dass alle anderen „deutschen“ Eidechsen Eier legen, welche sie in die Erde vergraben.

Die nächste amphibische Rarität, die Großvater mir präsentierte, war die Europäische Sumpfschildkröte, (*Emys orbicularis*), „welche früher überall in Mitteleuropa vorkam und in jedem Teich, Bach oder See anzutreffen war“.

Wir setzten uns so auf einen Baumstamm, dass wir von Laubwerk und Gräsern gedeckt waren und schauten auf einen anderen Baumstamm, den Großvater „extra für dich“ ins Wasser geschoben hatte.

„Auf den klettern die Schildkröten gerne, wenn sie sich sonnen wollen.“

Während wir lauerten, erklärte er mir die Biologie von Reptilien und Amphibien:

„Sie sind so genannte Wechselwarme, welche wie wir Säuger keine eigene Körpertemperatur halten können. Sie müssen sich aufwärmen.“

Ich komme noch einmal auf diese Belehrungen zurück und muss mitteilen, dass kluge und verständige Sprecher und Redner „den Erwachsenenton“ mir gegenüber anschlugen. Da gab‘s keinen Zeigefinger, keinen Zeigestock, der ein-, zweimal zuschlagen konnte, kein Backenkneifen und Ohrenzupfen – nur reines Weitergeben von Wissen und große Freude dabei. (Dass Großvater mir nebenbei und später „sein Wild“ vorstellte, Hirsche, Böcke, Füchse und Dachse, darüber habe ich im Buch „Meine Wildtiere und ich“ ausführlich berichtet).

Unser Flüstern störte die Sumpfschildkröten nicht: Sie tauchten auf, beobachteten ihr Umfeld minutenlang und kletterten dann auf den Wasserbaum, um ihre Panzer und die nasse Haut der Sonne darzubieten. Auf ihren Panzern landeten schillernde Flugkünstler, Libellen in allen Farben, die um die besten Plätze Luftkämpfe veranstalteten. Da gab's eine Überraschung, die selbst Großvater noch nicht gesehen hatte: Eine Würfelnatter (*Natrix tessalonica*) stieg vor unseren Füßen aus dem Wasser, einen kleinen Fisch im Maul und verschlang ihn ungeniert vor unseren starrenden Augen.

Damit war die nachmittägliche Schau beendet. Ein Gewitter grollte in der Ferne, wir gingen heim zur Großmutter. Diese war zu mir noch freundlicher als ihr Mann: Sie hatte einen „Heide-Bienenstich" gebacken, dessen Ansehen Wasser der Gier im Mund zusammenlaufen ließ und dessen Aussehen jede Essensvernunft zur Unvernunft gedeihen ließ. Diesen „Plattenkuchen" hatte Großmutter in Stücke von 5 x 15 Zentimeter bei 4 Zentimeter Höhe geschnitten: Sie waren damit so kindermundgerecht, dass ich sie nur in meinen Mund zu schieben brauchte und schwuppdiwupps waren sie in meiner Unterwelt verschwunden. Großvater und Großmutter freuten sich wie die Schneekönige zu Silvester und konnten sich vor Freude nicht einkriegen. Wir drei wurden uns einig: Dies war nicht mein letzter Besuch in der Lüneburger Heide! Diese meine überaus lieben Großeltern, deren drei Kinder schon groß waren, setzten einen so genannten „Meilenstein des Lebens", indem sie vorm Abschied sagten:
„Schade, dass man das alles nicht fotografieren kann..."

* * * * * *

Fast zu Weihnachten, genau am 4. Dezember 1934, beschenkte Mutter ihren Mann und die vier Jungens mit ihrem fünften Kind, wiederum ein Sohn. Eine in den Augen A. Hs. große bevölkerungspolitische Tat, die ihr mit dem bronzenen Mutterkreuz honoriert wurde. Über unseren Fünften kann ich wenig Tierisches außer seinem Spatzenabenteuer berichten: Er saß im Sommer 1935 im offenen Kinderwagen unter meiner Aufsicht im Garten und knabberte vergnügt an einem Leibniz-Keks. Da kam eine Spatzenmama mit ihren just flügge gewordenen Spatzenkindern herbei, um mitzuessen: Nämlich jene Krümel, die Kleinkinder nun einmal erzeugen und um sich herum verteilen. Bruder Hermann saß entgeistert und gleichzeitig freudig quiekend unter flatternden und sich streitenden Spatzen und erlebte sein erstes Naturabenteuer – es hat ihn nicht entsprechend geprägt.

Allmählich sprach sich meine Leidenschaft für kleine und mittlere Tiere im Stadtteil herum. Es war inzwischen Ende 1935 geworden und ich marschierte stramm auf 6 zu.

„Willste meinen Makksi mal sehen?“, fragte mich Gertrude Kiepenkerl auf der Straße, „er ist ein prima Kamelion und sehr kinderlieb.“

Entgegen dem elterlichen Rat, keinem fremden Kinderlocker in die Wohnung zu folgen, ging ich mit, denn die verschrullte Tante Gertrud kannte hier jedermann. Sie war zwar, wie ich aufgeschnappt hatte, „nicht reinarisch“ und tickte wohl nicht mehr richtig, aber Kinder sehen Mitmenschen anders als andere.

Maxi war ein Chamäleon, das seine Körperfarben, wie es nur wenige Menschen können, vor Wut und anderen Verärgerungen wechseln konnte. Er hauste in der ganzen kläglichen Kleinwohnung Gertrudes und fing ihr Stubenfliegen, Wanzen und Kakerlaken weg. Als er mich entdeckte, kam er auf mich zu und ich hatte Angst, er würde mir seine Zunge ins Gesicht schleudern. Ich streichelte ihn unterm Bauch und am Hals, wobei er vor Freude fast geplatzt wäre. Diese Freude steigerte sich noch in seelische Raserei, als ich ihm eine Salmiakpastille zwischen die Kiefern schob – tatsächlich, er mochte sie und lutschte manierlich, nachdem er mir auf die Schulter gestiegen war.

„Das hat er bei Fremden noch nie getan“, sagte Gertrude begeistert, „und darum darfst du ihn behalten und mit nach Hause nehmen. - Ich muss hier nämlich raus aus der Wohnung und soll in einem Lager besser untergebracht werden.“

„Besser als hier?“, fragte ich harmlos.

„Ja, sie nennen es Ka-el, es heißt Dach-au oder so ähnlich und soll bei diesem München liegen, von dem man jetzt so viel hört. Der Führer und so.“

„Ja, wenn es sein muss und der Führer es will, nehme ich Maxi mit.“

„Weißte, was Briefmarken sind?“

„Ja, wir sammeln sie zu Hause. Wo Führer drauf ist, damit man dem Führer eins kleben kann, sagte mein Bruder Otto.“

„Gut gesagt von deinem Bruder.“

Sie ging an eine Kommode und nahm ein Album aus der Schublade.

„Hier, es sei deins. Mein seliger Mann hat Briefmarken mit Tieren drauf gesammelt.“

„Seliger Mann? Was heißt selig?“

„Tot – mausetot, mein Junge.“

Ich klappte das Album auf und schaute begeistert „auf die schönsten Briefmarken der Welt", die auch jene Tiere zeigten, von denen hier im Buch zu lesen ist: Echsen, dabei dicke fette Krokodile in Afrika, Riesenschlangen von dort, auch giftige und giftig dreinblickende, Warane, Geckos und große Riesenschildkröten, auf denen Kinder ritten.

„Nimm du das Album zusammen mit Maxi mit, ich darf ja doch nichts mitnehmen außer Schlafanzug und Pinkelpott."

Irgendwie erahnte ich aus ihrer Stimme Ahnungsvolles! Meine Eltern schauten bedenklich drein, ins Album, murmelten etwas von „Riesenwert" und „kann er nicht annehmen" und machten sich auf den Weg zu Frau Kiepenkerl in der Hoppengasse. Als sie, mit dem Album, zurückkehrten, hatte Maxi den ganzen Haushalt so auf den Kopf gestellt, dass sich Auguste erbot, ihn in meiner Begleitung dem Zoo zu überantworten. Das geschah, ich besuchte ihn solange, - wobei er mich zu erkennen schien -, bis er eines Nachts verschieden war.

* * * * * *

Zu Weihnachten 1935 schenkte man mir eine Kamera, vorerst Fotoapparat genannt: eine Agfa-6x9-Box. Das 6x9 stand fürs Bildformat „sechs mal neun Zentimeter" und sie kostete 10 Reichsmark. Kleintiere konnte man mit ihr nicht fotografieren, aber Riesenschlangen, Krokodile und zehn Schildkröten auf einmal schon. (Von ihr zur Hasselblad vergingen genau 20 Jahre!) Und im März 1936 gab's wieder ein sinnvolles Geschenk: Eine Jahreseintrittskarte für die ganze Familie zum Zoologischen Garten. Dieser lag nur einen Zehnminutenweg von uns entfernt, nachts konnten wir die Löwen brüllen, tags die Papageien kreischen und die Seelöwen gröhlen hören. Ich durfte ab 6 Jahren am Landgericht vorbei über die Badestraße, Promenade und Aabrücke allein hingehen - „wenn du brav deine Schularbeiten gemacht hast!“ (Die Aa ist ein kleiner Bach, der in den Baumbergen entspringt, durch die Stadt fließt und bei Greven in die Ems mündet.)

„Wenn du da am Zoo in die Aa pinkelst“, pflegte Otto zu philosophieren, „geht dein Pipi bis in die Nordsee.“

Dorthin, auf die Insel Juist, sollten wir bald gehen…

Zoodirektor Heinz Randow freute sich sehr, als mein Freund Zoowärter Egon Krassmann mich ihm vorstellte.

„Menschen“, sagte der Direktor, „welche Tiere lieben, können nicht schlecht sein...“

„Unser Führer liebt Tiere“, sagte ich, „sagt mein Vater.“

„Eben drum, mein schlauer Junge.“

Herr Krassmann riet mir, Vater zu fragen, ob ich einmal nach Schluss der abendlichen Öffnungszeit dableiben könne:

„Dann zeige ich dir, was wir den normalen Besuchern nicht zeigen dürfen: Wie eine Anakonda ein Meerschweinchen oder eine Boa constrictor eine weiße Ratte verschlingt. Willste das mal sehen?“

Wollte ich natürlich. Mit derartigen Abenteuern könnte ich dann später Auguste, der Küchenmamsell und Tante Margarete Schauder und Schrecken einjagen.

Die Wochen und Monate bis zur Schulpflicht

Ich brachte jeden Sonntag vor unserem Mittagessen Gertrude Kiepenkerl in einem Kochgeschirr eine Mahlzeit ins Haus. Das hatte Mutter angeordnet. Dafür gab sie mir jedes

Mal fünf Reichsmark Taschengeld, „damit du dir eine Schildkröte kaufen kannst".

„Mein seliger Mann", erzählte sie selig, „hatte sich auch eine besorgt, weil solche Tiere, wie er sagte, die Ruhe selbst sind und diese Ruhe auf zappelige Menschen übertragen können. Er hat ihr am Hinterteil ein Loch in den Panzer gebohrt, einen Bindfaden durchgezogen, diesen an einen Stock geknotet und sie im Garten auf dem gemähten Rasen ihre Runden drehen lassen. Seitdem brachte ihn auch der drohende Tod nicht mehr aus der Fassung. Versuch du das auch mal, du Zappelphilipp!"

Tat ich nicht, und zwei Sonntage später war ihre Wohnung geräumt und leer! Das mir überlassene Album mit den tierischen exotischen Briefmarken hatte Vater bei Maschmeiers Sammlergeschäft schätzen lassen und mich damit zu seinem reichsten Sohn gemacht:

„Es würde", berichtete er, „wenn du es jetzt verkaufen wolltest, zehntausend Reichsmark einbringen."

Ich wollte nicht, weil zu viele herrliche Reptilien mit ihren lateinisch-griechisch-wissenschaftlichen Namen abgebildet waren – eine Dummheit von mir! Denn bei dem alliierten Luftangriff auf unsere Stadt im Oktober 1943 verbrannte die ganze Herrlichkeit!

Ich habe erwähnt, dass es sich in unserer Straße und über sie hinaus herumgesprochen hatte, dass ich ein Herz für kleine Heimtiere hätte. Zu Weihnachten 1935 traten die Folgen eines solchen Gerüchts ein: Man beschenkte mich und meine Familie mit Tieren! Wenn früher die Leute ihre Heimtiere los sein wollten, setzten sie diese kaltschnäuzig in der Natur aus, stellten sie der Polizei vor die Tür oder dem Zoodirektor in den Garten. Wenn das abends im Winter geschah, waren Ringelnatter & Co. oder Schildkröte & Kompagnon am anderen Morgen zu Stein und Bein erfroren. Da war eine Schenkung an mich reinste Wohltat und pure christliche Nächstenliebe. Doch im Gegensatz zum Menschen haben weder Schlangen noch Geckos und letztendlich jedes Getier keinerlei Gewinn beim Anblick leuchtender Kerzen an Christbäumen und angehäuften Süßigkeitstellern.

Wohin mit Grünem Leguan Murksi, der auch einen Weihnachtsbaum ersteigen könnte? Oder Jungkrokodil Schnappsi, das man mit weihnachtlichem Gänsebraten füttern könnte? Oder gar der ewig fressbereiten Schnappschildkröte Gaffelzange, die ihrem Vorbesitzer ein Stück Finger abgebissen hatte? Schließlich auch dem Zimmergecko Triefauge, der uns beim Auspacken entwischte und zwei Monate später als Mumie im Sauerkrautfass wieder begegnete? Ich machte eine Liste meiner Geschenke und übergab sie dem Zoodirektor. Er übernahm alle Tiere und fügte sie der Zoobesatzung bei.

* * * * * *

An meinem sechsten Geburtstag machte ich einen Besuch beim örtlichen Tierheim. Hier sah ich sehr bedrückt viele leidende und sieche Haustiere aller Art und beschloss, einen kargen Anteil meiner freien Zeit ihnen zu widmen. In meinem kommenden Buch „Meine Haustiere und ich“ werde ich schildern, wie ich mich mit Katzen, Hunden, Hasen und Kaninchen befasste und ihnen schöne und abwechslungsreiche Stunden bescherte, sie sogar an neue und nette Besitzer vermittelte. Hier aber geht es nur um meine Reptilien und ich.

Da war zunächst Grüner Leguan „Adonis", ein Adonis in Reinkultur, der gewiss jeden weiblichen Artgenossen, der seinen Weg kreuzte, reinewegs pausenlos verführt hätte – nur: Dieser tauchte nie auf, auch nachher im Zoo nicht. Adonis hatte im Tierheim freien Ausgang, solange er das Gelände nicht verließ. Dazu, also auszubüxen, im nahen Kanal schwimmen zu gehen, heimische Eichen zu besteigen und sich sonstwie unters Volk zu mischen, hatte er keinen Anlass.

Als ich ihn kennenlernte, hockte er fröhlich auf der rechten Schulter der Heimleiterin Doris Kupinsky, (Name geändert), und schaute ihr bei der Büroarbeit zu. Mich sehen und mich mit seinen schier menschlichen Augen bewundernd fixieren und dann von Doris' Schulter auf meine steigen, war das Werk von einer Minute. Dort beschnüffelte er meine Ohröffnung, ließ seine Reptilienzunge zum Ohrenschmalz eindringen und kitzelte mich dabei, dass ich unten nicht ganz dichthalten konnte. Dennoch holte ich eine Salmiakpastille aus der Hosentasche und schob sie ihm ins leicht geöffnete Maul – da begann eine Freundschaft, die bis 1943 anhielt.

Ich setzte alle vorhandenen Hebel in Bewegung, statt in der Schule hier im städtischen Tierheim meine Lehrjahre zu beginnen. Jeder Leser dieses Buches weiß, dass dies nicht anging, auch dann nicht, wenn A. Hs. Gauleiter Wagner, der am Aasee residierte, kraft seines Amtes eine Ausnahme gewährte. Spaß beiseite – der Spaß begann dennoch! Denn Adonis war der geborene Spaßvogel. Er war nicht der flinkste auf seinen vier Beinen, ich selbst auch noch nicht auf zweien, so konnten wir auf dem Treidelpfad den Kanal entlang gut Schritt halten. Man kam uns entgegen oder überholte uns: Verwunderlich dreinschauende

Spaziergänger, mit dem Fahrrad abrupt anhaltende Radler, Kanalschiffer mit Ferngläsern, Hundeausführer, deren „Köter" außer sich gerieten und von Adonis wütend angefaucht wurden, Babysitterinnen, die mitsamt Kinderwagen Reißaus machten und streunende Hauskatzen, die rascher als jeder Leguan den nächsten Baum bestiegen – ein Abenteuer folgte dem anderen.

Auf einer Ruhebank ruhte ein älteres Ehepaar aus und Adonis und ich setzten uns zu ihnen und kamen ins Gespräch.

„Hallo Junge, ist das dein Leguan?"

„Nein", antwortete ich, „noch nicht."

Das wollten sie nicht erklärt haben: „Wir haben noch einen angebissenen Amerikaner bei uns, ob er den mag?"

„Er heißt Adonis", antwortete ich, „den wird er wohl mögen."

Und Adonis mochte, wie er ungefähr alles aß von A wie Apfelmus, K wie Kekse bis Z wie Zitronenkuchen. (Für alle Zeitgenossen, die „Amerikaner" nicht kennen, sei erklärt, dass diese in deutschen Bäckereien beinahe so zahlreich vorkommen wie auf der Insel Manhattan). Plötzlich sprang Adonis von der Bank und packte sich einen schwarzen Laufkäfer, der vorbeilaufen wollte – knartsch, sein Panzer knackte in Adonis' Gebiss und verschluckt war er. Dieser Fang war der Startschuss für mich, um Adonis mit Lebendfutter zu versorgen. Tierwärter Egon Krassmann bestätigte mir, dass man die meisten Reptilien nur dann jahrelang halten könne, wenn sie Lebendfutter wie Insekten, Kerbtiere, Regenwürmer, Maikäfer und deren Engerlinge zu essen bekämen.

Das Ehepaar fragte mich nun aus, ob ich Lust und Zeit hätte, mich um ihren Brillenkaiman Egon zu kümmern, „wenn wir mal Urlaub machen möchten?“

„Lust schon“, antwortete ich, „aber Zeit? Ich weiß nicht, denn noch dieses Jahr werde ich eingeschult.“

„Du bekommst von uns pro Tag fünf Mark, wenn du ihn fütterst und jeden Tag einmal kurz ausführst.“

Nun, das war etwas anderes als das kostenlose Ausführen der Heimtiere! Ich erzähle später einige der Abenteuer, die ich mit Brillenkaiman Egon erleben durfte.

Es ist vorerst interessanter, von den anderen im Tierheim hausenden Reptilien zu berichten.

„Was die Leute nicht alles herbringen?“, fragte ich Leiterin Doris.

„Nun“, erklärte sie betrübt, „sie bringen aus dem Urlaub Tiere mit, die sie an Ort und Stelle begeisterten, und bedenken nicht, dass sie zu Hause viel Arbeit bereiten: Schlangen, Schildkröten, Krokodile, Ochsenfrösche und andere, welche ihnen angedreht wurden, die sie selbst gefangen oder auf der Straße gefunden haben. Zu Hause ist dann Holland in Not, wenn sie nicht fressen wollen, sich nicht beschmusen lassen und gar gegen die neuen Halter aggressiv werden. Wir nehmen diese Tiere nicht auf, aber sie werden uns nachts vors Tor gestellt und wir können sie nicht einfach verkommen lassen. Solche Helfer, wie du einer bist, sind selten anzutreffen.“

Ich zähle die wichtigsten Tiere auf, denen ein schlimmes Los bevorstand und die auch vom Zoo nicht angenommen wurden:

Erstens ein Genosse von Adonis, den nichts aus der Dösigkeit retten konnte als sein baldiger gnädiger Tod; zweitens Äskulap-Natter Ringelpitz, eine aus Italien gestohlene attraktive Schlange, die mit toten Mäusen nichts anzufangen wusste und bald einging; drittens die hübsche Griechische Landschildkröte Hellas, die weder frischen Kopfsalat aus dem Schrebergarten noch die Weichbirnen „Klapps Liebling“ von eben dort anknabbern mochte; viertens Nilwaran Ramses, der wohl immer und ewig an Afrikas großen Strom denken mochte. Auch er konnte mit toten, lustlos hingeworfenen Mäusen nichts anfangen, erlag aber meinem Trick, ihm an einem langen Stock tote Mäuse vorzappeln zu lassen – happs und schnapps, er biss zu und überlebte so ein Jahr. Ihn wie Adonis auszuführen, war unmöglich.

Das gelang mit dem schon erwähnten Brillenkaiman Egon ganz ausgezeichnet. Denn sein Herrchen, wie alle seinesgleichen unbekannt, hatte ihm ein ledernes Geschirr angepasst und mitgeliefert. Egon war bereits 120 Zentimeter lang und ein beachtlicher Beißer gegen alle Gäste und Besucher, die ihm ihre in Fallen erschlagenen Haus- und Stubenmäuse anboten. Auch wenn ich ihm in sein tristes Gemach eine lebende Maus zukommen ließ, erlaubte er ihr, ihn zu bekrabbeln und in die Schwanzspitze zu beißen. Sein Vorbesitzer hatte ihn mit angezogenem Geschirr abgeliefert, niemand wagte es, ihm dieses abzunehmen. Wenn man ihn also ausführen mochte, musste eine Führleine in die Öse eingeklingt werden. Wie das bewerkstelligen? Ganz einfach, wenn man über so ein Problem nachdenkt! Ich ließ eine Pferdedecke kommen und warf sie doppelt gefaltet über Egon. Da war er ganz baff und ließ sich anschnallen.

Als ich ihn dann aus dem Käfig zog, mehr schleifte, gab er draußen im Freien jeden Widerstand auf, nachdem wir auf schon besagter Bank am Kanal angekommen waren.

Dort schien die Sonne so, wie er sie bisher vielleicht nicht hatte genießen können. Er machte seinen Leib zwischen den Beinpaaren platt wie eine Flunder, wobei man sah, dass er stark abgemagert war. Ein Mann, den ich im Zoo als Tierfreund kennengelernt hatte, saß plötzlich neben mir und sah zu, wie ich Egon zum Fressen verführte. Er verschmähte eine extra für ihn mitgebrachte ermordete Feldmaus, die ich ihm vors Maul platzierte.

„Fass die Maus am Schwanz", riet mein Nebenmann, „und zieh sie an seinem Kopf vorbei."

Das klappte. Egon fraß sehr genüsslich und manierlich.

„Ich kaufe ihn dir ab", hörte ich verwundert.

„Er gehört mir nicht", antwortete ich, „aber dem Tierheim. Das wird froh sein, wenn ich ohne Egon zurückkehre."

Gedacht, überlegt und getan. Egon brachte 5 Mark ein, die Doris redlich mit mir teilte. (Jahre später hantierte ich selbst mit einem Brillenkaiman; ich werde darüber berichten).

* * * * * *

Anfang 1936, vorm Eintritt in die Volksschule, brach die private Tierhaltung in unsere jetzt siebenköpfige Familie herein – Mutters angestelltes Kindermädchen und die Küchenmamsell nicht mitgerechnet. Goldfisch Carlos durfte sein Dreiliter-Aquarium beziehen, Kanarienhahn Egon versuchte meines ältesten Bruders Beethoven-Sonaten nachzupfeifen und der syrische Goldhamster Fratzi I. kam für Bruder Martin ins Haus und betätigte ab der abendlichen Dämmerstunde sein Trimm- und Laufrad, als wollte er seiner beginnenden Arthrose vorbeugen. Ich war ähnlich aktiv und beknetete Vater, das im Garten unbenutzt „herumliegende und dahindämmernde“ Planschbecken für meine Absichten freizugeben:

„Da badet doch niemand von uns drin“, behauptete ich.

„Und was soll daraus werden?“

„Ein Lebensraum für meine Waldeidechsen, Vater.“

Doch ehe es so weit war, wurde ich „der“ Lebensretter meiner Heimatstadt. Mein erstes tatsächlich nachhaltiges Tiererlebnis wars‘s! Und das mitten in der Innenstadt. Insgesamt lebten in der Stadt neuerdings über 100.000 Einwohner, wodurch sie zur Großstadt aufrückte. Und mittendrin stand, - und steht heute noch, - das weltweit bekannte Schloss des barocken Baumeisters Johann Conrad Schlaun. Das natürlich auch einen Schlossgarten besaß, der, - ebenso natürlich -, mit einer Gräfte umgeben war; man musste im 18. Jahrhundert vorrangig auf Verteidigung bedacht sein!

Dieser „Graben“ war bis circa 1960, als die große Umweltverschmutzung ihren Anfang nahm, mit Wasser in Bade- und Trinkqualität gefüllt. Solch ein Wasser liebten und lieben unsere heimischen Amphibien über alle Maßen. Und so tummelten sich regelmäßig ab März, oft lag noch dünnes Eis auf dem Wasser, Teichmolche, Kammmolche, Grasfrösche und Erdkröten in Paarungslaune in diesem Wasser. Das war schon für einen aufmerksamen Sechsjährigen interessant anzusehen. Schon nach zwei Wochen wimmelten im Wasser die Kaulquappen der Erdkröten und Grasfrösche „in Millionen“: Ich habe damals ein Fangnetz versuchsweise durch diese Schwärme gezogen und mit einem Zug über tausend Quappen gefangen!

Da kann man heute nur singen: „...das kommt nicht wieder!“

Werte Leserschaft: Ich will in meinen Ausführungen nicht nur den Eindruck erwecken, wie früh denkwürdige und nachhaltige Erlebnisse aus der Tierwelt auf ein Kind einstürmen können. Auf Kinder, das sei nur nebenbei bemerkt, welche sich Spiele und Unterhaltung, Abenteuer und Erlebnisse selbst besorgen und schaffen mussten, die sich nicht von moderner Technik unterhalten lassen. Ehe ich von diesem frühen Reptilien-, Amphibien-, Kröten- und Froschabenteuer weiter berichte, muss ich kurz auf das gleichzeitig beginnende Mäuseabenteuer hinweisen, das 1936 in unserem Garten begann und erst 1954 endete: mein Buch „Mäusekrieg". Über ihn habe ich sorgfältig Tagebuch geführt und 2017 ein Buch veröffentlicht: „Ein Mäusekrieg von 1938 bis 1954", ISBN 978-3-96103-219-8, 236 Seiten, viele Abbildungen, erschienen im Rediroma-Verlag, 11,95 Euro. Darum werde ich in dieser meiner Abhandlung alle meine Mäuseabenteuer nicht erwähnen. Doch jetzt soll es weitergehen mit den erwähnten Amphibien…

* * * * * *

Jeder Freund und Kenner von Grasfröschen und Erdkröten weiß, dass deren Weibchen entweder kompakte Laichballen oder Eischnüre ins Wasser legen, die von den Männchen befruchtet werden müssen. Je nach Wassertemperatur schlüpfen aus den Eiern in drei bis sieben Tagen winzige, ganz primitiv aussehende Kaulquappen, die sich im Verlauf ihres Wachstums über das ganze Gewässer verteilen, erst ins tiefe gehen und Tage vor ihrer Verwandlung an Ufernähe zurückkehren. Ich habe flache Uferstellen gesehen, auf

denen ich pro Quadratmeter 500 Kaulquappen gezählt habe.
Überhaupt diese Kaulquappen und Jungfrösche! Das Weibchen des Grasfrosches kann zum Beispiel 5.000 Eier legen, auf einem „Balzplatz“ versammeln sich oftmals 100 und mehr Weibchen, so dass hier rein theoretisch 500.000 Jungfrösche „das Licht der Welt“ erblicken könnten. Das hat mir einer meiner in Mathematik erfahrener Bruder ausgerechnet. Er rechnete nur und wusste nichts davon, dass der Froschnachwuchs solche Verluste hinnehmen muss, dass die Bestände nicht nur nicht zunehmen, sondern in ungünstigen Sommern auch im Bestand gefährdet sein können. Alle, alle wollen ihn fressen: Fische, Krebse, Wasserkäfer, Wasserskorpione, Libellenlarven, kleine und große Vögel. Das ist ein natürlicher Aderlass. Zu meiner Kindheits- und Jugendzeit waren alle Reichs-, Land- und Kreisstraßen beidseitig mit Straßengräben versehen, in denen zum Beispiel Regengüsse sich verlaufen und verteilen konnten. Trockneten diese „Wasserwege“ frühzeitig schon im Vorsommer aus, war es um alle ihre Bewohner geschehen – ich werde darauf noch zurückkommen.

Ich habe schon weiter unten erwähnt, dass Kaulquappen der genannten Arten eine Metamorphose durchmachen müssen, um sich von Kiemenatmern zu Lungenatmern zu verwandeln. Gleichzeitig bildet sich ihr Schwanz zurück und ihre vier Füße wachsen sozusagen aus ihnen heraus. Dann steigen diese kleinen, nicht einmal einen Zentimeter langen und äußerst empfindlichen Kerlchen an Land, um später, in der Geschlechtsreife, nur für wenige Tage im zeitigen Frühjahr ins feuchte Nass zurückzukehren. So machen es die Erdkröten, die auf dem Land überwintern, während die Wasser- und Grasfrösche den Winter auf dem Grund der Gewässer verbringen.

Wir kehren nun endgültig an den Tatort, die genannte Gräfte zurück, die sich fast ganz um den Schlossgarten windet und auch in regenarmen Sommern nicht austrocknet. Im Winter friert ihr Wasser zu fünf Zentimetern dickem Eis, das zwar dann nicht überall trägt und vor allem übergewichtige Schlittschuhläufer einbrechen, aber niemals untergehen lässt. Infolge des sauberen Wassers kann man ab März unter dünnem Eis, das wie Glas erscheint, die heimischen Molche beim frühen Hochzeitstreiben beobachten. Nach der Paarung steigen beide Partner an Land. Im Schlossgarten verstecken sie sich gern im Altlaub, unter Baumrinden, Altholz und Steinen von Mauerresten. Ich werde noch darauf zurückkommen, wie ich diese munteren Tiere in Aqua-Terrarien gehalten habe.

Im Wasser der Gräfte haben sich ab Mai, je nach Wassertemperatur, die überlebenden Kaulquappen fertig ausgebildet und beginnen nun den steilen Anstieg ans Ufer, um in der angrenzenden Vegetation Deckung, Lebensmöglichkeiten und Nahrung zu finden. Im Bodenbewuchs sind sie kaum zu entdecken, aber auf den geräumten sandigen Spazierwegen bilden sie nun einen wandernden Teppich. Es ist dann unmöglich, dort spazieren zu gehen, ohne mit jedem Schritt ein Dutzend zu töten. Heute würden derartige Wege zeitweise gesperrt – nur: Heute gibt es diese Wanderungen dort nicht mehr! Damals, also 1936 und 1937 und noch in den Nachkriegsjahren, gab es auch keine Lobby für Kröten und Frösche: So wanderten ganze Schulklassen im Fach „Naturkunde“ durch den Park, um von ihren Lehrern auf Blumen und Pflanzen, Singvögel und Eichhörnchen aufmerksam gemacht zu werden, jedoch die Winzlinge übersahen...

Meine Großtat als Sechseinhalbjähriger bestand darin, ein Beispiel menschlicher Gleichgültigkeit der örtlichen Zoologen und Botanikern ans Licht des Tages gezogen und sogar der Presse überantwortet zu haben. Aus dem Sommer 1936 muss ich berichten. Schauplatz war wiederum der Schlossgarten der Stadt. Dort war auch das Botanische Institut der Universität untergebracht. Die Häuser waren unterkellert und vor den Kellerfenstern lag ein freier Raum, der mit eisernen Fallgittern oben abgedeckt war. Diese Gitter besaßen so große Abstände, dass alles Kleingetier, das nachts darüber hin tappste, durchfiel und unten vorm Kellerfenster landete: Spitzmäuse, Feldmäuse, Wühlmäuse, Waldmäuse, Frösche, Kröten, Molche, Blindschleichen und junge Ringelnattern. Einmal im Frühherbst wurde „ausgemistet" und wurden tausende Leichen im Müll oder Kompost entsorgt. Keiner der verantwortlichen Hausmeister meldete, - wie ich eindeutig erfahren hatte -, seinen vorgesetzten Direktoren, Doctores und Professoren diese „zum Himmel schreiende" Angelegenheit.

Nur ich tat es, als ich einen der Hausmeister beim Treppenfegen antraf:

„Herr Hausmeister", rief ich mit heller Kinderstimme, „kommen Sie doch einmal her, bitte."

„Wat willste denn, Junge?"

Er stellte sich zu mir auf eines der Gitter.

„Gucken Sie mal da unten hin."

„Wat gibt's da zu sehen, na?"

„Da unten sind jede Menge kleine Tiere drin, die durchs Gitter gefallen sind und nicht rauskommen können."

„Na und, du Naseweis? Was geht dich das an?"

„Die verhungern alle und fressen sich gegenseitig auf."

„Na und, du vorlauter Junge? Wat geht mich dat an?"

„Ne Masse. Das ist Tierquälerei!"

„Kümmere dich um deinen Kram und mach deine Schularbeiten!"

„Ich sag's dem Ortsgruppenleiter, der sagt es dem stellvertretenden Gauleiter Stangier, der dem Gauleiter Wagner und der unserem Führer, und der ist ein Tierfreund."

„Papperlapapp! Du bist ein Schwätzer."

„Und Sie sind ein Tierquäler. Ich sag's auch meinem Vater, der ist ein Direktor und trägt ein Parteiabzeichen. Wenn der's unserer Zeitung sagt, kriegen Sie eins an die Birne, sage ich Ihnen."

„Hau ab, du frecher Lümmel!"

Ich trollte mich empört und tränenreich nach Hause, wo mein ältester Bruder, Jahrgang 1923, mich abfing und verhörte. So wurde aus dem Papperlapapp eine Lawine.

Denn mein Bruder sagte es seinem Biologielehrer Studienrat Dr. Werhahn, der sagte es dem Direx Dr. Steffan und dieser schilderte den Fall dem Zoodirektor Heinz Randow, der mich kannte, den ich kannte. Damit war der Draht „nach oben" geschaltet: Oberbürgermeister, Chefredaktion der Tageszeitung, Vorstand des örtlichen Tierschutzvereins, Direktor des Botanischen Gartens. Ich möchte hier die Lawine nicht aufschreiben, die ich ins Rollen gebracht habe. Es war mir gar nicht recht, dass der Hausmeister einen dienstlichen Rüffel bekam, dass er mich nie mehr ansah, wenn ich den Botanischen Garten besuchte, bis – ja, bis Mutter mir ein Fresspaket übergab, das zufällig seinen Lieblingskuchen beinhaltete: „Bienenstich nach Art der Lüneburger Heide" mit Heidehonig und Mandelsplittern obendrauf. Wir verputzten ihn zu Dritt, er, seine Frau und ich, und tranken Regina (eine Brause) dazu. Wenn ich in Zukunft einige der Tiere brauchte, die herunter gefallen waren, zum Beispiel lebende Mäuse, die ich dem Zoo und einigen Händlern vor Ort verkaufte, besorgte er sie mir pünktlich und zuverlässig. Die ganze Geschichte war auch in die hiesigen Tageszeitungen, und ich damit eine Zeitlang ins Visier neugieriger und interessierter Menschen geraten. So einer war zur Zeit Georg Fahrenhorst, (Name geändert), Vorsitzender oder Präsident des örtlichen Terrarien- und Aquarienvereins). Ich besuchte ihn im Vereinshaus in Telgte. Dort hatte der Verein ein altes Heuerhaus gemietet und auf dessen Diele 25 Aquarien und 20 Terrarien aufgestellt. Da sah ich zum ersten Mal Menschen mit ernsthaften Freizeit- und Nebenbeschäftigungen, in denen sie ganz und gar aufgingen. Aber auch viele Reptilien und Amphibien, ausländische meist, von denen ich bisher keine Kenntnis erhalten hatte. Ich wurde von allen Damen und Herren im Alter zwischen 12 und 82 herzlich aufgenommen und werde in Zukunft laufend von ihnen berichten – ein Stein oder eine Lawine waren auch hier in Bewegung gesetzt worden.

* * * * * *

Aber durch dieses Abenteuer war ich auf den Geschmack gekommen: Reptilien und Amphibien zu Hause zu halten. Damals waren sie alle zu kaufen, entweder in den zahlreichen „Zoogeschäften“ der Stadt oder per Postversand: Smaragdeidechsen und ihre Verwandten, alle Schlangen, Schildkröten, Exoten aus Amerika, Afrika und Australien. Halter von Terrarientieren halten zusammen wie Pech und Schwefel, schwatzen gern miteinander und nehmen auch

„Lehrlinge“ an. So erfuhr ich, dass die Haltung einheimischer Tiere komplizierter sei als die exotischer oder aus warmen Gegenden wie Italien – wegen des Winterschlafs. So übte ich mich im Frühjahr 1936 vorm Schulbeginn mit der relativ einfachen Haltung eines Pärchens von Smaragdeidechsen, (*Lacerta* viridis), Eduard und Kunigunde genannt. Sie wurden in einem selbst gebauten Terrarium von zwei Quadratmetern untergebracht, das eine teils sandige, teils steinerne und mit Gras bedeckte Landschaft mit Höhlen, schattigen Plätzen und einem kleinen Teich aufwies. Es stand auf dem Balkon und konnte mit einem Schirm vor zu heißer Sonne geschützt werden. Doch mein leichtes und lockeres „Lotterleben“ erfuhr den ersten Dämpfer: Nach Ostern war Schulbeginn!

Fünf Jahre Volksschule

Für meine fünf Jahre auf der Johannis-Volksschule möchte ich gar nicht erst versuchen, meine Leser zu begeistern – sie werden durch diese Jahre ebenso gelangweilt wie ich. Nach dem vierten Schuljahr sollte ich aufs humanistische Gymnasium der Stadt aufrücken, wo schon drei meiner Brüder die Schulbänke drückten, aber zum Entsetzen meiner armen Eltern bestand ich die Aufnahmeprüfung zur Sexta nicht. Bruder Otto, inzwischen auf der Karriereleiter zum Klaviervirtuosen, fand den Grund für mein Versagen: „Er ist zu dämlich.“

Ich hätte jedoch in Naturkunde, auf dem Gymnasium nannte man das Fach Biologie, triumphieren können, aber niemand fragte mich nach deutschen Eidechsen, argentinischen Krokodilen und mexikanischen Ochsenfröschen. Auch in Erdkunde, auf dem Gymnasium Geografie genannt, hätte ich reüssieren können, denn Briefmarkensammler,- die ganze Familie war in Sammelleidenschaft -, kennen die Länder der Erde aus- und inwendig. So holte ich die fünfte Klasse der Volksschule nach und war anschließend den Sextanern um ein Jahr voraus. Noch einen Glücksfall gab es: Fräulein Änne Nüssen wurde meine Biologielehrerin! Ein Ausrufungszeichen? Ja, sie hat es verdient, hätte auch verdient, mich zu heiraten, wenn – ach, die Jahre nicht gewesen wären! Ich werde über sie noch berichten, wenn wir die Jahre 1941 bis 1945 abhandeln. Auch das Schillergymnasium machte ich nicht voll mit, teils wegen des Krieges, teils weil Anderweitiges dazwischenkam. Damit, werte Leserschaft, habe ich „meine Schule" schon abgehakt. Sie wird dennoch nachbehandelt, weil sie komplett mit Schülern und Lehrpersonal nach Bayern verlegt wurde – ein Vorgang, der im Fachjargon des Krieges „Kinderlandverschickung", KLV, genannt wurde.

* * * * * *

Trotz der erwähnten Einschulung nahm mein Interesse an Reptilien und Amphibien nicht ab. Ich habe schon erwähnt, dass Vater dem Umbau des Planschbeckens im Garten zum Eidechsenbiotop schon zugestimmt hatte. Bevor das realisiert wurde, kam ich in den Besitz von Eduard und Kunigunde. Das war ein prächtiges Smaragdeidechsen-Ehepaar, „nicht aus Italien geklaut", wie es hieß, sondern im Dritten Reich gezüchtet. Nun denn: Der Vertrautheit nach, die beide mir gewährten, konnte das stimmen.
Das Terrarium besaß beidseits zwei Handgriffe, so dass es leicht aus dem Haus in den Garten transportiert werden konnte. Früher schlugen wir in die Wohnung eingedrunge-

ne Brummer tot, jetzt wurden sie gefangen und den beiden Eidechsen zur Exekution überwiesen. So ging es auch den von Bäumen geschüttelten Maikäfern, welche wahre Leckerbissen darstellten. Am spannendsten war es, wenn ich die großen Grünen Heupferde einfing und im Terrarium freiließ. Mit dieser Art „persönlicher" Fütterung wurden Eduard und Kunigunde so vertraut, dass sie mir aus der Hand aßen und sich auf den Arm nehmen ließen. Auch paarten sie sich, Kunigunde vergrub ein paar Eier im lockeren Sand, aus denen jedoch keine Jungen schlüpften. Dem Rat versierter Terrarianer folgend packte ich im Oktober beide Tiere in Moos, Torferde und Heu in eine hölzerne Kiste und brachte sie in den Keller. Und tatsächlich: Sie überlebten den Winter, Eduard verfärbte sich im Mai 1937 am Kopf in blau und gelb und heiratete seine Kunigunde ein zweites Mal. Ehe sie mit einem neuen Gelege von weißen Eiern niederkam, hatte ich beide im Tausch abgegeben.

Bastlerbruder Martin konstruierte mir für die Ferien 1936 ein tragbares Terrarium, in dem ich Eduard und Kunigunde mit nach Juist nehmen konnte. Denn ich hatte Vater ein Ultimatum gestellt:

„Entweder sie kommen mit oder ich komme nicht mit"

Er kapitulierte. Weil ich seine Autofahrerei nicht vertrug, fuhren Auguste und ich mit dem Zug zur Küste nach Norddeich. Das gläserne Terrarium auf den Knien ging es per Fährschiff weiter. Alle Mitreisenden schauten sowohl mich wie auch das Pärchen wohlwollend an und fragten:

„Beißen die?", „Was essen sie?", „Wo kommen die vor?" und „Wie heißen sie?" Ich nahm Eduard heraus und ließ ihn von Ferienkindern streicheln, einem nahm er sogar eine

Scheibe Fleischwurst vorsichtig und manierlich aus den Fingern.

Wir bezogen auf Juist ein Ferienhaus mit Garten, so dass ich Eduard und Kunigunde die Sonne genießen lassen durfte. Der Hausverwalter warnte freilich:

„Setze sie nicht der Sonne hinter Glas aus, dann kriegen sie einen Hitzschlag und krepieren."

Und er nahm zwei Seitenscheiben heraus und ersetzte sie durch Fliegendraht.

„So gibt es frische Luft von allen Seiten, mein braver Junge."

In Deutschland schienen zur Zeit alle Jungs brav zu sein, die sich mit kleinen Tieren beschäftigten. Die im Sonnenschein herrliche lange Insel ist unserer Familie „auf ewig" in Erinnerung geblieben, weil zwei kleine Tiere eine siebenköpfige Familie samt Auguste auf Trab gebracht haben.

„Man sollte allen Ärzten raten", rekapitulierte Otto höhnisch, „Patienten, die Bewegung brauchen, ein paar Eidechsen zu verschreiben."

Was war passiert? Nun, in der richtigen Erkenntnis, dass auch Eidechsen Bewegung brauchen, um fit zu sein, hatte ich mir Eduard und Kunigunde einzeln vorgenommen und auf einer warmen, sandigen und großen Freifläche am Strand freigelassen. Wolfgang, Martin, Auguste und ich, in lustigen und luftigen Badehosen und Auguste im einteiligen Badekostüm, standen Wache, um Eduard einen weiten Fluchtweg zu versperren. Er benahm sich zunächst höchst manierlich, pickte eine Seefliege auf, die sich seinem Maul genähert hatte, beäugte uns interessiert und schoss dann wie vom Flitzebogen abgeschnellt davon. Wolfgang stellte sich ihm entgegen, da versuchte er es bei Auguste, dann bei

Martin und schließlich bei mir. Was tun?, schien er zu überlegen. Inzwischen war ein Strandwärter herangekommen und warnte uns vor den Möwen:

„Die stürzen wie Stukas herab und haben den grünen Kerl gepackt, ehe ihr zuspringen könnt."

„Stukas?" Heute weiß kaum noch jemand, was mit diesem Begriff gemeint ist. Also: Stuka ist ein luftmilitärischer Begriff und das Kurzwort für „Sturzkampfbomber" der deutschen Luftwaffe. Wir beobachteten den Himmel und konnten keine tierischen Stukas erkennen. Nachdem Eduard sich außer Atem gelaufen hatte, kam er ins Terrarium zurück und Kunigunde an die Reihe. Sie benahm sich ebenso. Altgediente Terrarianer wissen natürlich, dass selbst in Gefangenschaft geborene handzahme Eidechsen jede Gelegenheit wahrnehmen, den Menschen und dem Käfig zu entkommen.

Ansonsten machten uns Eduard und Kunigunde viel Freude auf der Insel. Niemand von allen Terrarianern und den anderen klugen Fachleuten und Alleskönnern, die ich vor allem im Verein kennen- und wenig lieben gelernt hatte, wusste um die Reptilienwelt auf den ostfriesischen Inseln Bescheid.

„Da gibt's doch nur Sand, Dünen, Schlick und Wasser, wie sollen da Reptilien zurechtkommen?"

Hatte mich zu Hause Vereinspräsident Kurt Kortenjan (Name verändert) gefragt. Ich hätte ihn am liebsten herkommen und den Marsch blasen lassen, als ich das erste Mal mit Auguste einen Spaziergang durchs Dorf machte. Da sah ich Gärten vor den Einfamilienhäusern, die, obwohl überall der Sandboden vorherrschte, von Blumen und Wildpflanzen besetzt waren. Und waren sie dem Süden zugerichtet, lagen überall in der Sonne sich sonnende Zauneidechsen, deren Männchen vor lauter greller Grünfärbung jungen Smaragdeidechsen ähnelten. Sie rangelten sich um Reviere und mit ihresgleichen, begatteten die schmucklosen Weibchen und vernaschten zwischendurch kleine Heuschrecken, die ihnen vors Maul sprangen. Ich sah zwei Weibchen, die mit ihren kleinen Vorderbeinen ein Loch in den Sandboden zu graben versuchten. Aha, folgerte ich mit Kennerblick, die sind dabei, ihre Eier zu vergraben. Ich ließ Auguste Auguste sein, sie also nach Hause gehen, und setzte mich auf die Mauer, um den Zauneidechsen zuzusehen. Der Hausbesitzer Fritz Zöke (Name geändert) wurde aufmerksam und kam herbei.

„Bub, biste ein Eidechsenfänger?"

„Nein", antwortete ich, „ein Eidechsenbeobachter."

„Kennste die denn, Junge?"

„Und wie! Bin der Fachmann zu Hause."

„Und was interessiert dich jetzt hier?"

„Sehen Sie dort", antwortete ich, „da ist ein Weibchen schon ganz im Erdboden verschwunden und wirft immer noch Erde nach draußen, wie Kaninchen und Dachse es tun. Sie wird innen eine kleine Höhle ausbuddeln und ihre Eier in ihr ablegen. Ich möchte warten, wenn ich darf..."

„Du darfst."

„...bis es wieder zum Vorschein kommt und ob es die Höhle verschließt."

„Magst ein Eis?"

„Gerne."

„Nuss oder Vanille?"

„Beides, wenn ich darf. Hab einen Mordsdurst."

„Du darfst."

Er ging ins benachbarte Café und kam mit drei Eis zurück.

„Du hattest vorhin“, begann er mit einer Befragung, „eine nette Dame bei dir. Gewiss deine Mutter?“

„Nein, mein oder unser Kindermädchen.“

„Aha, Kindermädchen?“

„Ja, meine Eltern, die auch hier auf Ihrer Insel sind, haben fünf Jungens in A. Hs. Welt gesetzt, da braucht man ein Kindermädchen und auch eine Küchenmamsell.“

„Wer ist A H?“

„Na, unser Führer. Gut, dass er nicht weiß, dass Sie ihn nicht kennen!“

Inzwischen kam Auguste des Weges um zu fragen, ob ich zum Kakaotrinken und Kuchenessen heimkäme. Ich wollte bleiben, aber Herr Zöke lud Auguste und mich ins Café ein, „Kuchen essen und Kakao trinken“. Ich steckte zwecks Wiedererkennung rasch ein Stöckchen in die Erde und folgte ihnen. Ja, für alle von uns lohnte sich der Ausflug zu Erdbeertorte, Sahne, Kakao und Bohnenkaffee, wie ich jetzt vorab verraten möchte: Ich fühlte mich sauwohl, Fritz heiratete einen Monat später Auguste und sie ihn - da wurde ich eingeladen und durfte auch das Ergebnis der Bemühungen der braven Eidechsenmutter bewundern: Vor Fritz‘ und jetzt auch Augustes Haus wimmelte es von Zauneidechsenkindern…

Am gleichen Abend desselben Tages nahm Fritz Zöke mich mit, um mir eine der schönsten Kröten zu zeigen, die auf der Insel zu sehen sind; die Kreuzkröte (*Bufo calamita*).

„Sie soll“, berichtete er, „speziell im salzigen Seeklima gedeihen und auf den Nordseeinseln auch in Holland vorkommen. Wir sind absichtlich kurz vor der Dämmerung aufgebrochen, denn erst beim Dunkelwerden kommen sie aus den Verstecken. Hier hast du eine Taschenlampe zum Leuchten."

Ja, auf den befestigten Wegen sahen wir sie, sie liefen flink wie Mäuse und nahmen die vielen Regenwürmer auf, welche ebenfalls die Dämmerung lieben. Ich nahm eine auf und beleuchtete ihre bunte, aber tarnende Zeichnung.

„Darf ich ein paar mitnehmen, sie wären die Zierde unseres Gartens?"

„Soviel ich weiß", antwortete Fritz, „halten sie sich woanders nicht. Lassen wir sie lieber hier, oder?"

„Natürlich, klar. Sonst schimpft Hermann Göring noch, der, so sagen die H.-Jungens, ein großer Naturschützer sein soll."

„Wenn du im Frühjahr wiederkommen solltest, kannst du Tausende ihrer Kaulquappen in den flachen Teichen der Insel beobachten. Tausende? Millionen, sage ich dir. Viele werden von den Möwen aufgefressen."

Fazit dieser Ferien? Mir haben sie sehr gefallen – schade ist nur, dass uns Auguste abhanden gekommen ist...

* * * * * *

Ich wurde also ein I-Männchen. Kam mir aber hundertmal klüger und „beschlagener" vor als die anderen 29 I-Männchen. Klassenlehrer Hinnerk Tapenkötter sah mir das wohl an, vermutete ich, aber nein, er kannte meinen Namen!

„Wer von euch", fragte er im Ton eines Fähnleinführers, der seine Pimpfe auf Zack bringen wollte, „kann mir eine Geschichte aus den Sommerferien erzählen?"

Niemand der kleinen und schüchternen Kröten meldete sich. Herr Tapenkötter wusste wohl nicht, dass keiner dieser Schüler je an Ferien teilgenommen hatte.

„Du bist doch am Meer gewesen“, fragte der Lehrer plötzlich und trat wie ein Vernehmer auf mich zu, „hast du dort nichts erlebt, hast du im Meer gebadet oder Schollen gefangen?“

„Nichts davon, Herr Lehrer“, antwortete ich, „aber ich habe Eidechsen am Strand ausgeführt und abends Kröten beobachtet.“

„Donnerwetter!“, rief er und ging dann zum Unterricht über. Dann fiel ihm ein, dass er in der Tageszeitung schon einige Artikel von mir gelesen hatte, die Wolfgang für mich schrieb und den Redaktionen zuschickte.

„Kannst du schon lesen?“, fragte er mich.

„Nicht fließend, Herr Lehrer, aber etwas.“

Er zog ein abgegriffenes Buch aus dem Pult, schlug es auf und schien mit einem Bleistift etwas anzukreuzen.

„Hier“, sagte er und reichte mir das aufgeschlagene Buch her, „versuch mal, das Unterstrichene vorzulesen.“

Ich las vor: „Wie es nun kam, weiß ich heute selber nicht, aber eines Tages war mir klar, daß ich Maler werden würde, Kunstmaler. Mein Talent zum Zeichnen stand allerdings fest, war es doch sogar mit ein Grund für den Vater, mich auf die Realschule zu schicken...“

„Halt, das genügt. Du liest ja wie ein Drittklässler. Weißt du, was du vorgelesen hast?“

„Nein, Herr Lehrer.“

„Den Führer, merk dir das!“

„Ja, Herr Lehrer.“

Über sein Pult, wo sie vielleicht unter „Mein Kampf“ geschlafen hatte, lief eine Kakerlake und verschwand in der Tasche seines Lehrerkittels.

Mit einiger Verspätung durch den Schulanfang, aber immerhin, machte ich mich mit Hilfe der Brüder und eines Schulfreundes, der wie ein Berserker anpacken konnte, an die Ausarbeitung des bereits erwähnten Planschbeckens im Garten. Dieses besaß eine Grundfläche von 8 Quadratmetern, war also ungefähr vier Meter lang und zwei Meter breit bei nur 50 Zentimeter Tiefe. Es war tatsächlich fürs Baden und Planschen angelegt worden, aber weil das eingelassene Wasser auch im Hochsommer viel zu kalt blieb, war das Baden nie über Kneippsche Fußkuren ausgeartet. Zur Nordseite hin hatte der auszementierte Boden ein leichtes Gefälle, so dass Wasser und Feuchtigkeit in den Erdboden ablaufen konnten. Vater ließ sich nicht lumpen und bestellte einen Handwerker, der das Ufer mit Ziegelsteinen um 20 Zentimeter erhöhte und in die Fugen Haken setzte, um ein Netz gegen räuberische Vögel, Ratten, Wiesel und Hauskatzen spannen zu können. In der neuen Ziegelsteinmauer wurde eine Tür gelassen, um das Becken bequem betreten und verlassen zu können.

Wenn ich nun beschreibe, wie ich mir die Insassen beschaffte, es sollten nur Waldeidechsen und Erdkröten sein, dann muss ich weit ausholen. Zoodirektor Heinz Randow, den ich befragte, hatte geraten, weder Wasser- noch Laubfrösche in die Stadt zu verbringen, „weil sie unerhörte Krachmacher mit ihrer nächtlichen und abendlichen Quakerei sind, dass es Querelen mit Nachbarn und Behörden geben wird.“

„Erdkröten findest du im Schlossgarten genug, denk an die Kellerlöcher, aus denen du ja viele Exemplare gerettet hast. Die Eidechsen kannst du dir an den Straßen fangen, die unsere Stadt umgeben. Wenn morgens die Sonne scheint, ist jeder Kilometerstein mit sich sonnenden Tieren besetzt. Sie sollen aber auch im Heidegebiet der Bockholter Berge nördlich der Stadt zahlreich vorkommen. Setz nicht zu viele Tiere ein und denk daran, dass du sie ab Mitte September wieder aussetzen musst, damit sie sich einen Platz für den Winterschlaf suchen können."
Ich finde es heute noch fabelhaft, wie viel Zeit dieser stark beschäftigte Mann mir widmen mochte.

So will ich mir Zeit nehmen, das Einfangen eines halben Dutzends der Waldeidechsen, die auch Bergeidechsen genannt werden, zu schildern. Diese Schilderung hat bereits historische Bedeutung im Sinn von „Das gab‘s nur einmal, das kommt nicht wieder": Denn nicht nur sind die Kilometersteine im Zuge der Straßensanierungen weggefallen, sondern auch seit Ende der 50er- Jahre auch alle Eidechsen ratzeputz ausgerottet worden. Diese Ausrottung, wie andernorts auch, geschah unblutig: Einfach einen günstigen Lebensraum wegmachen – und auch ihre „Bewohner sind weg!" Für immer meist.

Der Zoodirektor hatte mich richtig beraten. Ich wählte statt der empfohlenen Morgenstunden die Nachmittagsstunden, weil die Sonne dann, die Straße nach auswärts betrachtend, die westliche Seite der Kilometersteine beschien. Richtig kalkuliert: Um sich für die kommende Nacht aufzuwärmen, saßen die hübsch aber dennoch getarnt gefärbten Männchen wenig aufmerksam und vielleicht eingedöst an den Steinen, wo ich mich bodennah anschleichen und sie mit der Hand einfangen konnte. Drei schwanger aussehende Weibchen konnte ich auch packen. Ich muss jetzt erwähnen, dass ich das Becken im Garten mit Hilfe Martins und Wolfgangs bereits artgerecht auszustatten angefangen hatte. Zuerst kam eine Lage Kieselsteine auf den Boden, damit dieser nicht versumpfte und das Wasser ungehindert ablaufen konnte. Darauf kam eine Schicht bäuerliches eichenes Reisigholz, hier Buschken genannt, das eine Schicht Torf zu tragen hatte. Dann folgte in unterschiedlicher Flächenverteilung, etwa zehn Zentimeter stark, hier eine Sandbodenlandschaft, dort ein Moorboden, nun ein Acker- und daneben ein Wiesenstück. Natursteine täuschten eine Felsenlandschaft vor, ein kleiner Bach, der vom geöffneten Wasserhahn gespeist werden konnte, floss mit leichtem Gefälle zum Abfluss, nachdem er einen Teich mit einem Durchmesser eines halben Meters gebildet hatte. In verdeckt stehenden Blumentöpfen wuchsen Pflanzen unterschiedlicher Biotope; Heide, Miniurwald, Savanne, Mischwald. Runde und auch wie Vulkane aussehende Steine lockerten die Landschaft auf und vor allem eines war nicht vergessen worden: Verstecke, Unterstände, Höhlen, „Schutzhütten“ und geheimnisvolle Orte. Durch Tonröhren, aufliegende Hölzer und Rindenstücke, schräg angeordnete Ziegel und Schieferplatten. Nirgendwo gab es für flüchtige Tiere eine Sackgasse, was später in einem Pressebericht besonders lobend hervorgehoben wurde. Darum waren auch die drei aus Naturholz, von Wolfgang geschaffenen Vogelnistkästen mit zwei Ein-, beziehungsweise Ausgängen versehen worden. Ein Sonnenschirm wurde so aufgestellt, dass er sowohl Schatten spenden als auch Regenwasser ableiten konnte.

Ich habe mich mit der Schilderung der neuen Zustände so lange aufgehalten und bin darum so intensiv auf Einzelheiten gegangen, weil hier tatsächlich und wirklich eine Musterlandschaft für kleine Kreaturen entstanden ist: Ein Vorzeigemodell, das auch vorgezeigt werden sollte. Mein angespartes Taschengeld war im Nu ausgegeben, Vater weigerte sich aus pädagogischen Gründen, noch mehr Reichsmark zuzuschießen, hätte aber niemals meine Verschuldung zugelassen; nach dem seiner Generation zudiktiertem Beschluss, der Lebensauffassung war: „Erwirb es bar – um es zu besitzen.“

Der Einzug der neuen Mieter geschah unter den Blicken der Öffentlichkeit und dem Klicken großformatiger Kameras wie Zeiss-Ikon und Linhof-Technika – jene Wunderdinge, die ich einst selbst besitzen sollte! Zwei Reporter der Lokalpresse machten Aufnahmen und interviewten mich, der Präsident des Terrarien- und Aquarienvereins war auch anwesend, um Fotos für seine eigene Zeitschrift zu schießen und für auswärtige auch. Nach vier Wochen gab er mir Belegexemplare und mein anteiliges Honorar von 100 Reichsmark. Ich hatte angefangen, von unangemeldeten Besuchern im Alter zwischen 10 und 100 Jahren eine Eintrittsgebühr von 10 bis 20 Pfennig zu fordern – Herz und Geldbeutel: „Was wollt ihr mehr?“

Nun folgt noch die Schilderung des Einlasses der Hauptdarsteller. Als erste wurde „Dicke Berta“ eingesetzt, eine Erdkröte „dicken“ Kalibers, die noch nie gesehen wurde – wie viel Lenze mochte sie auf ihrem breiten Buckel haben? Sie setzte sich plump auf einen der „Gehwege“, um zu rekognoszieren und fand mit untrüglicher Krötensicherheit das sicherste Versteck des Terrariums, eine Regenröhre, welche in die Unterwelt der Anlage führte. Ihr folgten zwei

Artgenossen mittlerer Größe, die auch nichts von kostenloser Darstellung hielten und sich verkrochen. Die gefangenen Waldeidechsen benahmen sich anders: Ich setzte sie einzeln und ohne sie aufzuregen behutsam in ihr Gefängnis. Sie dankten mit Sitzenbleiben und die Sonne genießen. Sie wurden erst munter, nachdem ich ihr Frühstück, Mittagessen und die Abendmahlzeit einsetzte: kleine Heuschrecken, große Grüne Heupferde, schwarze Grillen, Juni- und andere Käfer und ein paar Motten.

Nachdem alle Zuschauer sich satt gesehen, ihre Notizen und Fotos gemacht und mich und meine Brüder hochgelobt hatten, verdrückten sie sich, um die Nachricht vom „schönsten Terrarium der Stadt“ zu verbreiten. Ja, ich muss es so sagen, es war eine Sensation und ganz und gar gelungene Sache! Bis zum September, als sie stillgelegt wurde, verschaffte sie vielen Besuchern, darunter Kindern, eine Freude nach der anderen und vielleicht Anregungen zum Selbermachen. Ein hundertprozentiger Erfolg? Nicht ganz! „Warum nicht?“, muss die Frage lauten.

„Weil es keinen Eidechsen-Nachwuchs gab“, ist die Antwort.

Wir hatten eine Woche nach Eröffnung des Terrariums ein Dutzend Jungeidechsen beobachtet. Diese sind ganz entzückende Kleinausgaben ihrer Eltern, sofort nach der Geburt, wenn sie sich aus der Eihülle gearbeitet haben und trocken geworden sind, vollkommen selbständig und selbstverständlich allen Gefahren einer Kindheit ausgesetzt. Nach drei Wochen, eine Zeit, in der sie sich um ein Drittel vergrößern können, „waren sie alle spurlos verschwunden“, wie Bruder Martin betrübt verkündete. Zoowärter und Freund Egon Krassmann löste das Rätsel, nachdem ich ihm alle Einzelheiten erzählt hatte:

„Sie alle hat Dicke Berta aufgefressen."
Nur so kann es gewesen sein. Denn Kröten schlucken alles, was ihnen vors Breitmaul kommt und nicht zu groß ist. Im nächsten Jahr vermied ich, Erdkröten und Eidechsen gemeinsam in eine Wohnung zu setzen. Der Dicken Berta I. folgte Berta II., in Tegernsee Berta III., mit dieser möchte ich meine Lebensberichte beginnen, die nun in loser Folge diese Texte hier unterbrechen und bereichern sollen.

Berta die Dritte

Den ehrenvollen Beginn macht also jene unvergessliche „Dicke Berta", wissenschaftlich *Bufo bufo* genannt, eine kapitale Erdkröte von 150 Gramm Gewicht, welche im Tegernseer Terrarium die Macht an sich riss. Ich hatte sie aus einem bayerischen Kellerloch gerettet und sie machte den Eindruck vollkommener tiefer Dankbarkeit. Ihr Versteck, das sie nur zum Trinken verließ, war die Wölbung einer Baumrinde, in welche sie sich rückwärts einschob. Damit war sie für die anderen Bewohner wie Eidechsen kaum sichtbar, vor allem für die Futtertiere nicht: Grashüpfer, Heuschrecken, Grillen, Tausendfüßer und Nacktschnecken. Kamen sie nahe genug vorbei, etwa fünf Zentimeter vor ihrem Maul, dann fuhr dieses vor, öffnete sich und nahm das Opfer zwischen die Kiefern. Wenn es sich ausgezappelt hatte, hob Berta ihr mächtiges Haupt, löste den Druck der Kiefern und sog sozusagen die Beute in sich hinein. Ich weiß nicht und habe es bis heute nicht erfahren, ob schon einer der bekannten und oft gelesenen Naturautoren je einmal beschrieben hat, wie eine Erdkröte mit einem Großen Grünen Heupferd (*Tettigonia viridissima*) fertig geworden ist. Schließlich ist das ein großes und wehrhaftes

Insekt, das durchaus zurückbeißen kann. Ich will's jetzt einmal versuchen.
Das von mir frisch gefangene herrlich grüne Insekt, ein Weibchen, wie man am hinten herausragenden Legestachel erkennen konnte, marschierte geradewegs dem Versteck Bertas zu und wurde prompt am Kopf gefasst. Damit war es nicht tot, es konnte sogar dieses Gepacktsein eine Weile vertragen und wehrte sich mit allen sechs Beinen gegen sein Schicksal. Besonders seine bekrallten Vorderbeine griffen der Berta ans Maul und in die Augen, was sie nicht veranlasste, den Druck des Kiefers irgendwie zu mildern. So kam es denn zu einem langsamen und qualvollen Tod des Heupferds, indem Berta im Abstand von einer Minute den Druck zwar lockerte, aber gleichzeitig ihre Beute einen halben Zentimeter in sich einsog. Nach sechs Minuten war diese so weit im Inneren Bertas verschwunden, dass nur noch der Legestachel wie ein Schwert oder Spieß aus dem Mund ragte – wahrhaft dramatische Bilder, die nicht fotografiert worden sind! Denn der Kopf der Heuschrecke unterlag gewiss schon dem Verdauungsvorgang eines Erdkrötenmagens. Den Legestachel fand ich später beim Durchsuchen des Terrariums. Es gibt noch ein Abenteuer mit der Dicken Berta.

Eines Morgens, als die Sonne das Terrarium erwärmte und die drei Waldeidechsen (*Lacerta vivipara*) eigentlich zum Sonnenbad zu erscheinen hatten, sah ich nur zwei von ihnen. Mein Blick fiel auf Berta, aus deren Breitmaul der Schwanz einer Eidechse ragte. Sie hatte sich tatsächlich das schönste Männchen, immerhin 11 Zentimeter lang, einverleibt. Schnurstracks nahm ich sie in die Hand, öffnete ihr mit dem Zeigefinger das Maul und begann behutsam am Schwanz der Eidechse zu ziehen. Man muss wissen, dass allen Eidechsen der Schwanz leicht abbrechen kann, wenn man an ihm zieht. Aber es klappte und die Echse war noch nicht, den Kopf bereits im Magen Bertas, erstickt und lebte bis Ende September weiter im Terrarium – bis dann alle Insassen von mir in die Freiheit entlassen wurden. Um einen „wissenschaftlichen“ Versuch zu starten, markierte ich Berta vorm Freilassen mit einem dünnen Ring aus Kupferdraht am rechten Vorderbein so, dass er sie nicht stören konnte. Und siehe da: Im nächsten Frühjahr lief sie mir abends vor die Augen, nachdem sie ein, zwei Tage vorher im Gartenteich unserer Unterkunft ihre Eischnüre abgelegt und somit für Nachwuchs gesorgt hatte. Die gute Berta wird jetzt, wo ich dieses niederschreibe, längst in den Krötenhimmel aufgestiegen sein – ihre Nachkommen freilich würden eine Armee bilden können...

Neue Abenteuer

Im Sommer 1937 hätte meine ungestüm aufkeimende Liebe zu Tieren beinahe „einen Knacks“ bekommen. Es war ein Schäferhund, welcher das bewirkte, eine Hunderasse, die damals für „deutsche Eigenschaften“ wie Treue, Zuverlässigkeit und Aufrichtigkeit stand – so jedenfalls formulierte es die herrschende Klasse brauner Politiker. Es geschah bei einem Sonntagsspaziergang, um nachmittags eine Wirtschaft zu besuchen, bei der man dicke fette Berliner (Pfannkuchen) essen und Regina dazu trinken konnte. Meine komplette Familie im Alter von 3 bis 41 bummelte also am Sonntagnachmittag über die Hammer Straße ins Ländliche hinein. Die beiden 9- bis 7-jährigen Kinder, also ich und mein nächster Bruder, übten das damals beliebte Spiel „Bierdeckelwerfen“. Auf öffentlichen Straßen war das durchaus möglich, denn Verkehr im heutigen Sinn gab es nicht und kein Nachbar beschwerte sich, wenn der Bierdeckel in seinen Garten segelte und wieder hergeholt werden musste. Auch kannten wir von Hunden bewachte Gärten, aber dass je ein Hund ein fremdes Kind gebissen haben sollte, war uns ganz und gar ungeläufig.

Mein Bierdeckel von der Germania-Brauerei wurde von einem leichten Aufwind getragen und flog in einem sanften Bogen über eine Ziegelmauer in den Garten eines verlassen aussehenden Grundstücks. Das kannte ich von vorigen Spaziergängen und ich wusste auch, dass in diesem Garten Landschildkröten gehalten und gezüchtet wurden. Ebenso kannte ich den Wächter des Gartens, nämlich Schäferhund „August der Starke", dem ich hin und wieder einen Happen alt gewordener „Frankfurter" zuwarf. Dieser August hatte einen Kollegen namens „Hofman von Fallersleben", ein Zuchtbuchrüde edelsten Hundeblutes, war jedoch nicht ganz astrein im Charakter. Das hätte mich warnen sollen!

Also: Mein Bierdeckel war in diesen Garten gesegelt. Ich hinterher, rittlings auf die Mauer gesprungen und bereit zum Herunterspringen, da entdeckte ich, dass der Garten über einen Meter tiefer lag als die Straße. Ehe mein Bruder sagte „Lass den Deckel fahren und komm runter" hatte mich Gartenwächter „Hofman von Fallersleben" entdeckt, war lautlos herangestürmt und grub mir nach einem furiosen Sprung seine mächtigen Fangzähne in meine linke Kniekehle.

Hier muss ich, wie immer, wenn ich's erzähle, eine Pause machen. Das erwarten meine Zuhörer. Denn sie kalkulieren ganz richtig, dass ich eigentlich recht tot sein müsste, weil mich dieser mächtige Köter in den Garten hinabgezogen und mich unten aufgefressen, mindestens zerstückelt hätte.

Doch weiter! Nein, sein Schwung war so groß, dass er nur zubeißen und sich dann fallen lassen konnte. Ich ließ mich nicht fallen, weil mein Schutzengel wohl befohlen hatte: „Halt dich an der Mauer fest.“ So stürzte also Hofman nach unten und behielt ein Stückchen Menschenfleisch in seinem Rachen – erst jetzt, als mein Bruder mich Richtung Straße auffing, bellte Hofman wie ein Rudel Alaska-Wölfe. Konnte aber mein straßen- und bürgersteigfüllendes Schreien nicht übertönen...
Erst im Krankenwagen verstummte ich. Da hatte man mir wohl eine Spritze gegeben. Dr. Swart vom Evangelischen Krankenhaus war eine Koryphäe im Nähen und Schnippeln, und weil keine Sehne zerbissen war, konnte ich nach einer Woche entlassen werden. Und nachdem der Verband abgenommen worden war, eine hübsche frische quer verlaufende Narbe meinen Schulkameraden präsentieren und die Nähnadellöcher dazu – sie sind heute noch zu bewundern! Ein paar Jahrzehnte später hat mir noch einmal ein Tier einen Tort angetan, sein wissenschaftlicher Name lautet *Vipera berus;* doch davon später!

* * * * * *

Im auslaufenden Winter 1937, ich muss mich erinnern, so im Februar, stellte Vater in seinem Betrieb einen jungen Mann als Bürolehrling ein, der August Hilgemann hieß und aus Kattenvenne stammte. Dies ist ein Dorf zwischen unserer Stadt und Osnabrück, mehr nach Lengerich zu. Diese Einstellung sollte sich im Krieg und nach ihm als Vaters großer Wurf erweisen, denn Augusts Eltern waren Vollerwerbslandwirte – und diese, es mögen die unmöglichsten Zeiten eintreten, können nicht verhungern. Dies nur vorab, aufs weitere ist noch zurückzukommen. Schon für das nächste Wochenende hatten Augusts Eltern mich eingeladen, am Freitagabend mit ihm auf den Hof zu kommen und am Montagmorgen früh, damit ich die Schule nicht verpasse, in die Stadt zurückzufahren. Das klappte. Ich berichte über dieses Wochenende nicht, weil ich endlich einmal die bäuerliche Tierwelt kennenlernte, - darüber berichte ich später -, sondern weil ich am Samstag etwas zu sehen bekam, das ich für unmöglich gehalten habe und das hier zum Thema gehört. „Kattenvenne" ist Niederdeutsch und heißt im Hochdeutschen Katzenmoor. Und dort ging's zur Arbeit hin, zum Torfstechen nämlich. Das wollte man mir zeigen, damit ein Stadtjunge einmal sieht, „wie auf dem Land geschuftet wird". Den Torf brauchte man damals zum Heizen, denn Holz war teuer, Koks noch mehr und Kohle noch mehr! Die Wintertemperatur war weit über Null, so dass gearbeitet werden konnte.

Ich rekapitulierte mein Gehirn, ob es wisse, welche Reptilien und Amphibien in hiesigen Mooren vorzukommen pflegen. Da fielen mir natürlich Moorfrösche ein, auch Mooreidechsen, welche Waldeidechsen sind und Schlangen wie Ringelnattern und Kreuzottern.

„Sie halten alle Winterschlaf", gab ich zu bedenken, „und ich werde keine sehen." Ein Irrtum das! Denn kaum hatte Bauer August Hilgemann Senior eine Wand Torf mit dem Spaten angestochen, als diese einfiel und eine Höhlung frei gab, die sich als Überwinterungsplatz für Kreuzottern erwies. Über 100 Stück bildeten ein Knäuel verschlungener Leiber, die alle eiskalt waren und sich nicht bewegten: braune, graue, rötliche und tiefschwarze, die hier als Höllenottern verschrien waren.

„Hallo!“, rief der Bauer triumphierend, „da haben wir sie ja alle beisammen, diese Mistviecher, die uns im Sommer bei der Arbeit bedrohen und schon manchen jungen Mann, wenn auch sturzbesoffen, gebissen und zu Tod gebracht haben. Hackt sie tot, Leute!“

Da bewies ich Todesmut und Todesverachtung.

„Halt!“, schrie ich grell, „das dürft ihr nicht! Alle deutschen Schlangen stehen unter Naturschutz!“

„Das geht uns nichts an“, schrie August Senior, „wir arbeiten hier und nicht jene Leute, die Gesetze machen. Los, ran ans Werk!“

Ich sah August Junior an und sagte: „August, hilf mir! Oder ich gehe jetzt fort und erzähle alles meinem Vater.“

Da gaben diese Mordbuben nach und gruben an anderer Stelle ein Loch von einem Meter Tiefe, in das sie die Kreuzottern schütteten.

„Wirst du darüber erzählen?“, fragte August Junior schüchtern.

„Ja“, antwortete ich und zwinkerte sie alle an, „aber dass ihr Helden seid und Naturfreunde obendrein.“

Natürlich erzählte ich doch, aber diskret ohne Orts- und Namensnennung: dem Zoodirektor. Er fand mein Verhalten mutig und beispielhaft und versprach, es den Medien, ohne meinen Namen mitzuteilen, zur Veröffentlichung zu überlassen. Dann gab er mir 50 Mark, die er aus Honoraren für mich erwirtschaftet hatte. Ich gab alles Geld Vater, der ein Finanzfachmann war und es für mich auf einem Sparbuch anlegte. Ehe ich recht damit etwas anfangen konnte, wurde es Mitte 1948 „eins zu zehn“ abgewertet.

Direktor Randow sorgte jetzt dafür, dass ich zum ersten Mal bei den Fütterungen im Reptilienhaus dabei sein durfte. Er rief vorher Mutter an und versprach, mich durch den Tierpfleger Egon Krassmann heimbringen zu lassen. Ich erwähnte es schon, dass die Fütterungen mit Lebendfutter nichts für schwache Nerven ist und dass sie der Öffentlichkeit vorenthalten werden.

„Es geht einfach nicht an“, erklärte der Direktor, „dass Mütter mit kleinen Kindern zuschauen, wie eine niedliche Ratte in einem Rachen verschwindet oder ein gebissenes Meerschweinchen zappelnd und torkelnd verendet und dann von der Giftschlange Kopf voran verspeist wird. Obwohl die Wirklichkeit so ist, wie du weißt und täglich Millionen Tiere irgendwie aufgegessen werden, will der Normalbürger daran nicht erinnert werden. Und du…?“

Wir aßen soeben Bratwurst mit Sauerkraut, von der Frau des Hauses serviert…

„Und du“, fuhr der Direktor fort, „wirst wohl nicht nein sagen, wenn deine Mutter dir einen Hühnerbollen auf den Teller legt oder ein Kindermädchen deine Butterstullen für die Schule mit Leberwurst belegt. Oder biste Vegetarier?“

„Ich weiß nicht, was ein Vegetarier ist oder isst, Herr Direktor.“

„Sie essen kein Fleisch, mein Junge.“

„Und wovon leben sie dann?“

„Von Gemüse und Obst zum Beispiel.“

„Nie ein Schinken- oder Cervelatwurstbrot?“

„Nie und nimmer.“

„Jetzt weiß ich, warum unser Klassensprecher immer nur Käse- oder Marmeladenbrötchen oder harte Eier zu essen kriegt. Er sieht sehr mickerig aus und schielt ununterbrochen auf meine Mettenden – er tut mir leid.“

Abends um 18 Uhr schloss der Zoo seine normalen Pforten, die letzten Besucher gingen durch den Ausgang davon. Ich blieb und half Egon Krassmann, das Abendessen für die Schlangen, Krokodile und Schildkröten herzurichten. Die Schnappschildkröte (*Chelydra serpentina*) kam zuerst an die Reihe. Sie ist eine Wasserschildkröte und lebte in einem großen Becken. Sie wusste genau, wann Essenszeit ist. Egon hielt ihr einen toten Fisch hin, den er in der Pinzette hin- und herzappeln ließ. Schlapps – ein Schnabel mit haarscharfen Kanten öffnete sich und riss den Fisch in Stücke.

„Wie bei den Piranhas“, kommentierte ich.

Fetzen des zerrissenen Fisches trieben im Wasserbecken und Sonja, - so hieß dieses Raubtier -, sammelte sie alle ein. Dann war sie gesättigt. Der nächste hungrige Fisch war so nicht zu sättigen: Ein kapitaler Hecht (*Esox lucius*) beobachtete unser Kommen durch die Glasscheibe und kannte seinen Futtermeister wohl. Dieser ließ drei lebende Rotaugen ins Becken gleiten, deren eine der Hecht in einem blitzschnellen Stoßangriff packte und in seinem breiten Maul verschwinden ließ. Dann wartete der Hecht gelassen ab, ob einer der beiden anderen Fische sich seinem Maul näherte. Das taten sie nicht und wir wandten uns den Krokodilen zu.

Dass ich einen Brillenkaiman (*Caiman crocodilus*) einmal als Bürogenossen besitzen würde, war nicht abzusehen, als wir nun einen zu füttern begannen. Er lag im flachen gewärmten Wasser und schaute Egon vorwurfsvoll an, dass er so spät käme. Lieber als Fische essen Krokodile und Kaimans behaarte und befellte Tiere, denen sie in Ufernähe auflauern. Davon hatte das junge und im Zoo überzählige Meerschweinchen keine Ahnung, als Egon es durch eine Klappe in den Käfig schubste. Es hatte Durst und wollte diesen im lauwarmen Wasser löschen - schlapp und knirsch: Der Kaiman fasste in einer Schnelligkeit zu, die ihm niemand zugetraut hätte, direkt ins Gesicht hinein, dass es noch einmal aufquiekte und dann stumm und ohne mit den Beinchen zu strampeln im Krokodilmaul verschwand. Inzwischen schaute Egon Krassmann zur Uhr, die 20 Uhr 15 anzeigte, packte mich beim Wickel und brachte mich nach Hause:

„Gnädige Frau, hier ist Ihr Lausebengel."

Ich war Mutter zwei Mark wert, die Egon in seiner Kitteltasche verschwinden ließ. Über eine abendliche Schlangenfütterung werde ich noch berichten.

* * * * * *

Chamäleon Jakop

In den Sommerferien 1938 machten wir Urlaub in Laasphe im Sauerland. Ich fürchtete, diese drei Wochen würden für mich als Reptilienfreund langweilig werden – was nicht zutraf. Als unser Gastronom, der das kleine Hotel führte, von mir die Frage vorgelegt bekam, „wo gibt‘s hier denn Schlangen, Molche, Frösche und Eidechsen?", verwies er mich an Förster Felix Fahrenhorst, „der alles weiß und selbst ein paar von diesen Viechern hält". Er telefonierte sogar mit ihm, so dass Förster Felix mit seinem Motorrad am nächsten Morgen vorfuhr und mich abholte. Ich konnte in diesem Augenblick nicht ahnen, dass ich bei ihm zu Hause den zweiten Kandidaten antreffen würde, dem ich das zweite separate Kapitel widmen müsste.

Felix Fahrenhorst! Das war ein Mann: Donnerwetter und Doria, der hatte eine Frau, himmelkreuzsakrament und einen Jagdhund, verdammt und zugenäht, die alle gemeinsam ein Biotop ausmachten, wie es harmonischer nicht sein konnte. Nur eines fehlte ihnen: Kinder!

„Wenigstens eines“, sagte Försterin Helene leicht anklagend, „so einen wackeren Jungen wie dich.“

Als sie das Tage später im Beisein Mutters wiederholte, nickte diese verstehend und versprach, ein paar Tricks auf Lager zu haben. Ich war natürlich kein Waisenknabe in Sachen Vermehrung mehr, konnte mir aber Tricks dabei nicht vorstellen.

Alles, was im Wohn- und Esszimmer dieser grünen Familie besprochen wurde, hörte Jakop mit. Dieser Vorname wird in Deutschland eigentlich nur an Krähen und Dohlen vergeben, aber hier traf ihn ein Chamäleon, das der Förster als Teppichchamäleon (*Chamaeleo lateralis*) aus Madagaskar vorstellte.

„Jakop kann“, berichtete er, „in Sekundenschnelle seine Farben und Muster wechseln, je nachdem, in welcher Stimmung er sich befindet und welche fremde Person sich ihm nähert. So blitzartig, wie er Farbe wechselt, erkennt er auch den Charakter des Neuankömmlings.“

Nun, da mochte ich noch nicht ausgereifter Mensch gespannt sein, wie sein Urteil ausfallen würde. Jakop bewohnte das halbe Kinderzimmer, das ja ohne ihn vakant gewesen wäre, in dem man ihm eine große Voliere mit silbernem Maschendraht errichtet hatte. Solche nämlich, die man Sittichen, Papageien und anderen gefiederten Schreihälsen bietet. Als ich, vom Ehepaar geführt, Jakops Zimmer betrat, naschte er just an einer Mandarine, deren Duft den Raum füllte. Augenblicklich im wahren Sinn des Wortes ließ er sie fallen, kletterte mir bis zum trennenden Zaun entgegen und starrte mich mit seinen kleinen, äußerst beweglichen Augen an, ließ diese „erglühen wie's Morgenrot" und veranstaltete eine Körperverfärbung, die an Schnelligkeit, Pracht und Würde nirgends sonst auf der Erde stattfinden konnte – so wenigstens das Urteil der drei Homo sapiens außerhalb des Käfigs. Wie seine Liebe zu mir so urplötzlich entbrannte, konnte ich verstehen – erging es mir doch genauso! Um das zu beweisen, nahm ich eine Rheilapille (gibt es heute wieder!) aus einer meiner unergründlichen Taschen und versuchte sie Jakop ins Maul zu schieben.

„Chamäleons", versuchte Herr Fahrenhorst abzuwuseln, „kann man nicht füttern."

Jakop und ich schauten ihn an, als klicke sein Gehirn nicht mehr, und Jakop lutschte so andachtsvoll, wie ein Pastor von der Kanzel herunterzubeten pflegt. Da verabreichte ich ihm eine Salmiakpastille, um seinen Geschmack zu testen. Mein dünnster Finger wurschtelte sich durch den Maschendraht und versuchte seine Reptilienhaut zu streicheln.

Werte Leserschaft, wenn du bis hierher noch nicht wusstest, wie man Freundschaften anleiert – jetzt, wenn du aufmerksam mitgelesen hast, weißt du es! Sollten Jakop und ich je zusammengerechnet zweihundert Jahre alt werden – diese Liebe würde über unsere Gräber hinauswachsen! Übertreibe ich? Mitnichten!

Das Försterehepaar staunte Bauklötze, wie man es hier im Sauerland formulierte, und öffnete den Käfig. Ich hielt Jakop den Arm hin und er kletterte auf ihn. Ob man's glaubt oder nicht: Er schmiegte sich an mein Gesicht und scheuerte seinen originellen Kopf an meiner Backe – Herpetologen-Herz, was forderst du mehr? Als auch noch DD =

Deutsch-Drahthaar-Rüde Alois vom Greifenstein sich an meinen Knien rieb und auffordernd knurrte, da war der Bann in dieser Familie gebrochen – ich gehörte zu ihr; leider nur für eine relativ kurze Ferienzeit!

Am Nachmittag kamen Vater und Mutter zu Besuch und Kaffeeklatsch, auch um zu sehen, was ihr Sohn hier im Försterhaus trieb. Sie bestaunten folgende Situation: Ich saß bequem im Korbstuhl, Jakop saß bequem auf meinem Schoß und Alois ebenso bequem auf meinen Füßen. Vor mir stand ein gefüllter Kuchenteller auf dem Tisch, ein Becher Walderdbeersaft daneben, und das Ehepaar Fahrenhorst erhob sich, seine Gäste zu begrüßen. Alois, der sonst jeden fremden Ankömmling bekläffte, muckte sich nicht, und Jakop, der sonst jeden Fremden mit Verstecken quittierte, regte sich nicht. Frau Fahrenhorst musste mich füttern, denn ich erlaubte es mir nicht, Jakop und Alois nicht mehr mit Streicheleinheiten zu beglücken.

Ein Reptil streicheln? Das war für jeden ernsten Herpetologen ein Sakrileg, vertane Zeit und Selbstbefriedigung. Jeder Brummer, der dachte, hier achtet niemand auf den Kuchen, wollte von ihm naschen. Schwuppdiwupp, meine rechte Hand fing ihn ab und hielt den Zappelnden mit zwei Fingern in Jakops Zungenreichweite, und Schwuppdiwupp, diese schnellte vor und zog ihn ins Maul.

„Zu schade“, sagte Frau Fahrenhorst und schaute mir träumerisch zu, „dass diese Szenen weder fotografiert noch gefilmt werden.“

„Dann“, fügte Herr Fahrenhorst hinzu, „würde jedermann an Tricks und Mogeleien glauben.“

Die beiden Damen erhoben sich, um plaudernd den Garten zu inspizieren, und als sie zurückkehrten, umleuchtete ein seltsames Leuchten Helenes Antlitz – ich muss es so umschreiben. Ich weiß natürlich nicht, was Mutter mit ihr geplaudert hatte, aber Tatsache ist, dass sie circa zehn Monate später eine Postkarte erhielt, welche „die glückliche Geburt eines Förstersohnes“ verkündete.

Ehe wir das Sauerland verließen, „um zum öden Alltag zurückzukehren“, marschierte der Förster mit mir an einem lauwarm-feuchten Abend zu „seinen“ Feuersalamandern. Was ich dort zu sehen bekam, verschlug mir nicht nur momentan die Sprache, sondern auch für länger: Ich wusste, dass viele Amphibienfreunde hinter diesen hübschen Tierchen her sind wie Teufel nach Seelen. Dabei sind sie schwerer zu halten als eigene Kinder! Ich hatte mir inzwischen angewöhnt, nicht nur einfach daherzureden wie zum Beispiel „hab ne Masse Viecher gesehen“ oder „da war allerhand los“, sondern konkrete Zahlen zu nennen, soweit das möglich war. Das tue ich jetzt sofort: „Wir gingen in einem Altholzforst eine Stunde lang in einem Kreis, bis wir einen Umfang desselben von tausend Metern geschafft hatten. Mit unseren Taschenlampen leuchtend zählten wir genau 187 Feuersalamander, welche sich schon auf die nächtliche Wanderung gemacht hatten“. Oder: „Es lag viel loses Zeug herum, alte Mauersteine eines ehemaligen Hauses, Bretter, Baumstämme, Linoleum und Dachpfannen. Unter diesen steckten noch einmal 98 Salamander.“

Wir nahmen einige Tiere in die Hand und waren ganz begeistert von ihren perfekten Körpern, die ganz ihrem Lebensraum angepasst waren.

„Willst du sie mitnehmen?“, fragte Felix hinterhältig.

„Nein“, antwortete ich, „man kann sie kaum artgerecht halten und sie sterben jeden Tag ein wenig, bis sie aufgezehrt sind.“

Da hatte ich Felix‘ Feuerprobe bestanden.

Wir sahen uns leider nie wieder, und Jakop war bald gestorben und im Garten ehrenvoll bestattet worden. So bekam der neue kleine Förster nicht seinen, sondern meinen Namen zugeteilt. Wir haben uns freilich noch ein paarmal geschrieben, aber nie mehr, auch telefonisch nicht, miteinander gesprochen, denn „Krieg ist Krieg“, wie A.H. predigte und selbst erleben musste. Dieser Urlaub in Laasphe war auch für meinen ältesten Bruder Otto sehr angenehm, denn im Ort gab es den Musiklehrer Otto von der Aar, (Name geändert), der ihm sein Klavier zur Verfügung stellte, getreu der alten Pianisten-Erkenntnis, „dass nur der ein bekannter Pianist wird, der die schwarzweiße Klaviatur tagtäglich mit seinen zehn Fingern malträtiert...

Vor dem Krieg

„Es gibt keinen!“, tönte A. H. in Volksempfängern und auf HJ-Empfängen. Österreich, seine Heimat, hatte er schon befreit und das Sudetenland den Tschechen abgenommen. „Jetzt habe ich keine territorialen Forderungen mehr“, verkündete er.

„Wir können“, regte Vater an, „in Ruhe an die Ostsee fahren, die ich schon immer einmal sehen wollte.“

„Das ist näher an Polen als die Nordsee“, erinnerte sich Mutter.

Doch bevor es soweit war, musste ich mich um die Neubesetzung des Planschbeckens kümmern. Der Verlauf von 1938 in dieser Beziehung hat mich nicht begeistern können, denn die Anzahl der im Herbst ausgesiedelten Tiere war gleich mit denen der im Frühjahr eingesiedelten - „Alles für die Katz‘?“ Natürlich nicht, denn der Herpetologe lernt, solange er lebt. So beschlossen wir, - das war unsere

Familie, der Zoodirektor und Zoowärter Egon Krassmann -, alle irgendwie greifbaren Frösche, Kröten und Unken zu einer Lebensgemeinschaft zu vereinen.

„Das hat noch niemand gemacht“, war der Kommentar allerorten.

Ich baute eigenhändig und allein die ganze Chose um, denn nun musste der gemeinsame Lebensraum feuchter, ja nasser sein als der vorige. Wasser in Form von Teichen, Rinnsalen und Sümpfen beherrschte die Szene, als ich Ende April fertig war und mich auf die Suche nach Bewohnern machte. Ich zähle erst jene auf, die ich in heimischen Revieren ziemlich leicht fangen konnte: Grasfrosch, Wasserfrosch, Laubfrosch (*Hyla arborea*), Erdkröte, Wechselkröte (*Bufo viridis*), Knoblauchkröte (*Pelobates fuscus*), die seltene Geburtshelferkröte (*Alytes obstetricans*), Gelbbauch- und Rotbauchunke (*Bombina variegata, Bombina bombina*); auf die in Juist kennengelernte Kreuzkröte wollte ich verzichten. Auch glückte es nicht, von allen Arten ein Pärchen zu erwischen. Die Männchen von Wasser- und Laubfrosch mussten draußen bleiben; den Grund hierzu habe ich vorher schon erwähnt.

In der Fachzeitschrift war ein Artikel zu lesen, der sich mit der Gartenhaltung von Wasser- und Laubfröschen befasste. Das angerufene Gericht bestätigte, dass man den „Lärm“ dieser der in freier Natur lebenden Quaker zu ertragen habe, nicht jedoch jene, welche ein Aquarianer zur eigenen Belustigung oder auch zu Forschungszwecken bei sich angesiedelt habe. Ich führte nun Tagebuch und notierte darin alle wichtigen Ereignisse.

Erstens: Eine der Dicken Berta ähnelnde Erdkröte schwingt sich zum Chef der Gemeinschaft auf, indem sie, wenn ein anderes Individuum sich ein feines Versteck eingerichtet hat, es selbst bezieht und sich notfalls, wenn der Besitzer nicht weichen will, auf ihn setzt.

Zweitens: Der Stärkere hat hier immer recht: Hat der Laubfrosch einen Regenwurm halb verschlungen, kommt der Wasserfrosch daher, fasst den Wurm mit dem Maul und zieht ihn dem anderen aus dem Mund.

Drittens: Gute Aussichtsplätze sind auch hier heiß begehrt. Grasfrösche sonnen sich gern, Laubfrösche auch, und so steigt Letzterer auf den Ersten und ist so der Sonne näher gekommen.

Und viertens: Fressen und Gefressenwerden – ein bewährtes Prinzip der Evolution. Die Geburtshelferkröte, welche wohl schwanger war, als ich sie einfing, trägt gewohnheitsmäßig ihren Laich auf dem Rücken mit sich herum, doch die Wechselkröte sah das als gedeckten Tisch an und aß ihn auf.

Wer nun diesen oder jenen vermisst, zum Beispiel den Moorfrosch, dessen Männchen sich während der Balzzeit in ein leuchtendes Blau verfärbt, den konnte ich partout nicht finden. Eine Beobachtung „nebenher“ machte ich: Stechmücken, die natürlich auch mich hier quälten, setzten sich zum Blutsaugen nur auf die Laubfrösche. Es hatte viel Lehrreiches an sich, einen Sommer lang derartige Beobachtungen machen zu können. Bei der Wiederaussetzung ging ich sehr behutsam vor und versuchte, meine Sommer-Pensionsgäste dort wieder auszusetzen, wo ich sie hergeholt hatte. Das klappte nicht immer, und so habe ich vielleicht manch neue Kolonie gegründet.

* * * * * *

Zwischendurch, wir wollten ja erst im August zur Ostsee fahren, ließ ich es mit weniger flotten Tieren langsamer angehen. Sie werden hier dem Vergessen entrissen, indem ich sie vorstelle: Zwei Griechische Landschildkröten (*Testudo hermanni*) namens *Tristan* und *Isolde* und ein Chamäleon nicht bestimmter Art namens *Peterle*. Die Schildkröten hatte man mir in Pension gegeben, das Chamäleon einfach vor unsere Haustür gestellt. Für die Schildkröten wurde mit fünfzig Zentimeter hohen Holzbrettern eine Art Gehege von drei Metern im Quadrat gebaut, das transportierbar war und auf eigenem Rasen aufgestellt werden konnte. Es wurde versetzt, wenn sie das Gras abgeweidet hatten. Eine ehemalige Hundehütte wurde hineingestellt, ebenso eine flache Schale, welche das Regenwasser auffing oder von mir gefüllt werden konnte. Als gern gefressenes Zusatzfutter gab es Salat, Obst, Sahnekuchen und Bienenstich - bald waren *Tristan* und *Isolde* handzahm und wollten am Hals und Hinterteil gekrault werden. Weil auch sie den Winterschlaf benötigten, den sie ja aus ihrer Gebirgsgegend Griechenlands kannten, gingen sie im Oktober an einen Händler zurück. Dieser hatte in seinem Keller eine richtige Pension für Winterschläfer eingerichtet.
Chamäleon *Peterle* bekam nach wenigen Tagen der Eingewöhnung Heimrecht im Wohnzimmer. Dieses „Zeitlupentier“ durfte unter Aufsicht alle Mitbewohner ersteigen, Zierpflanzen wie Gummibäume erklettern und auf dem Radio Nickerchen machen. Man musste nur höllisch aufpassen, wenn er auf dem Fußboden seine Wanderungen machte und dabei gern unter und hinter Schränke kletterte. Über Nacht kam Peterle in einen zwei Meter hohen Drahtkäfig, der mit lebenden Kletterbäumen ausgestattet war. Und was aß er? Im Wohnzimmer wollte Mutter keine In-

sekten leben lassen. So hielten wir ihm abwechselnd mit der Pinzette Grillen, Mehlwürmer, Heuschrecken und auch Regenwürmer vor, so dass er lernte, ihnen seine klebrige Zunge an den Körper zu schleudern und diese Zunge dann „zum Mund zu führen". Ehe wir im August 1939 in die Sommerferien an der Ostsee aufbrachen, gaben wir Peterle vorübergehend einem Terrarianer in Pension – dessen Katze brachte ihn am ersten Tag ums Leben.

* * * * * *

Hier erscheint es mir angebracht, einmal über damaligen Naturschutz zu reden oder zu schreiben. Er war in der Bevölkerung wenig ausgeprägt und auch Behördenleiter und ihre Mitarbeiter kümmerten sich wenig um ihn, wenn es beim Straßenbau und der Straßenpflege um auszuführende Wartungsarbeiten ging. Mein vorlautes Mundwerk brachte mich häufig in Schwierigkeiten, aber „meine Freunde" hauten mich heraus; ja, wenn ich zehn Jahre älter und bereits Fähnleinführer in der HJ gewesen wäre. Meine Fragen „Warum reißen Sie jetzt die Sträucher aus der Erde, wo doch Brutzeit der Singvögel ist?", oder „Hier auf dem Randstreifen leben viele Eidechsen, muss er jetzt gemäht werden, wo sie Junge gekriegt haben?", oder „Diese Regenwasserkuhle ist jetzt im Mai mit Tausenden Kaulquappen gefüllt und Sie lassen sie zuwerfen und trockenlegen! Wenn das der Führer wüsste!", oder noch „Hier über diesen Feldweg gehen die jungen Frösche und Kröten jetzt ein paar Tage lang an Land. Muss er jetzt renoviert werden!" Da wachte auch der Zoodirektor aus seiner vielen Verwaltungsarbeit auf, und die Vorsitzenden der Naturschutzvereine kramten ihre Naturliebe hervor und machten ihren Vorgesetzten Feuer unter den Hintern.

Ich habe schon vorher von den altertümlichen Straßen geschrieben, die früher einmal nicht für Automobile, sondern für Pferdewagen angelegt worden waren. Und dass an ihren weiß gekalkten Steinen, wenn diese von der Morgen- oder Nachmittagssonne beschienen wurden, jede Menge Waldeidechsen sich sonnten. Doch was nützte es, wenn ich nur allgemeine Angaben machte? So wanderte ich denn einmal an beiden Rändern des Schiffahrter Damms entlang und ließ meinen kleinen Zähler klicken, wenn ich fündig geworden war. Diese Zahlen glaubte man mir dann: Nach Abgehen eines halben Straßenkilometers in Höhe des Kanalübergangs (KÜ) hatte ich genau 980 Eidechsen gezählt.

Auch eine Kreisstraße ging ich ab, die beidseitig durch Wassergräben vom Umland getrennt war. Ich brauchte nur mit einem Gehstock bewaffnet an beiden Seiten entlang zu gehen, so zählte ich beidseitig bei zweihundert Schritten zusammengerechnet, und mehr geschätzt als korrekt gezählt, über tausend Wasserfrösche, die vor mir flüchteten. Hier hakte sich die Presse ein und rief dazu auf, „vor grundlegenden Bauarbeiten jeweils das fragliche Gelände abzusuchen und die Tiere fangen und versetzen zu lassen.“ Vier Großkopferte der Stadt wurden bei Vater vorstellig, mir den Auftrag zu geben, „jeweils ein Dutzend Frösche einzufangen und in meinem Gartenteich auszusetzen“: Gauleiter, Regierungspräsident, Oberbürgermeister und Stadtdirektor – mehr als 5 Reichsmark rückte keiner dieser Herren heraus!

* * * * * *

Nun endlich komme ich dazu, meinen abendlichen Besuch im Zoo, der bis 21 Uhr währte, zu beschreiben. Die hungrige Puffotter Rosamunde, im satten Zustand ein extrem geduldiges Tier, schlängelte sich an der Glasscheibe entlang, als sie Egon Krassmann erkannte. Wie die meisten Giftschlangen ist sie ziemlich klein, eher kurz gebaut, trägt aber einen wuchtigen Kopf, den sie außerordentlich rasch vorschnellen lassen kann. Schlangen wie sie sind im Allgemeinen keine Verfolgungsjäger, doch können sie Spuren aufnehmen – wie sich gleich zeigen wird. Die Schlangengehege sind so gebaut, dass die Zoowärter von hinten eintreten oder durch eine Klappe das Futtertier einbringen können. Während ich die Schlange vorne beschäftigte, - im Allgemeinen werden Zuschauer von diesen Tieren gar nicht beachtet –, ließ Egon hinten das Futtertier in den Käfig einschlüpfen und kam dann zu mir zurück. Es war eine halbwüchsige Ratte, die natürlich nichts von der Gefahr wusste, in der sie schwebte. Sie war gewiss zufrieden, aus dem unwürdigen Halte- und Vorratskäfig entlassen worden zu sein.

Rosamunde schien trotz Egons Heimlichtuerei etwas gemerkt zu haben. Sie umrundete an den Innenwänden ihr Biotop, erreicht aber nur, dass die Ratte nach vorn, zu uns wechselte. Dort fand sie auch ihr Futter, ein paar Maiskörner. Während sie possierlich an ihnen knabberte, schob sich Rosamunde auf fünfzig Zentimeter an sie heran – ein spannender und dramatischer Augenblick das. Auch in Gefangenschaft gehaltene Ratten haben ihre feinen Sinne nicht verloren: Diese konnten nur zweierlei veranlassen: Entweder sich mucksmäuschenstill zu verhalten oder sofortige Flucht befehlen. Dass die Puffotter die Lage erkannte, war an ihrer pausenlos vorschnellenden Zunge zu erkennen – sie schmeckte die Luft und Lage. Ihr Stoß auf die Ratte war so blitzschnell, dass wir ihn beinahe verpasst hätten.

Die Ratte quiekte auf, wollte wohl rundum flüchten, kam aber nicht einen Meter weit – da wirkte diese Giftinjektion bereits. Ein Zittern durchlief ihren Körper, sie fiel zur Seite und streckte alle Viere und ihren Schwanz von sich.

„Du musst bedenken", sagte Egon, „dass diese Portion Gift ausreicht, uns Menschen ins Jenseits zu schicken, da hat ein kleiner Rattenkörper keine Chance."

Rosamunde wahrte ihre Chance und nach zwei Minuten Umherkriechen hatte sie den Leichnam aufgestöbert. Der Kopf, denn der muss stets voran, war schnell gefunden und ein weit in den Gelenken aufklappbares, sehr unappetitlich und gefahrvoll aussehendes Maul stülpte sich über den Leckerbissen.

„Egon?", fragte ich, „können Schlangen schmecken?"

„Wohl nicht, denke ich. Die Beute füllt ihren Körper und so wird sich das Gefühl des Sattseins einstellen."

„Jetzt begreife ich", sagte ich abschließend, denn ich musste nach Hause, „dass ihr hier im Zoo derartige Grausamkeiten nicht zeigen dürft. Ich komme morgen wie verabredet wieder – Gute Nacht, Egon!"

„Iss und schlaf gut, mein Freund!"

* * * * * *

Am nächsten Abend war Anakonda „Giftnudel" an der Reihe, sich den Bauch zu füllen und wenn möglich gleichzeitig mit meiner Afga Box 6x9 verewigt zu werden – aller

Anfang soll ja schwer sein! Vater war schon zur Überlegung gekommen, mir zur nächsten Bescherung eine einigermaßen brauchbare Kamera zu schenken.

„Es kann ja sein“, argumentierte er, „dass du ein paar brauchbare Fotos hinkriegst und damit Geld verdienen kannst.“

Ja, Vater hielt seine fünf Söhne in Sachen Taschengeld ziemlich mager, aber ich wusste ja gar nichts über seine finanziellen Verhältnisse. Giftnudel lag ziemlich apathisch auf einem künstlichen Baumstamm und blinzelte Egon und mich verschlafen an, doch Egon wusste, dass dies nur ein tierischer Trick war, „der in freier Natur wohl erfolgreich ist, mich aber nicht täuschen kann. Wenn eine solche Schlange von drei Meter Länge vierzehn Tage nichts gefressen hat, muss sie hungrig sein.“

Dann erklärte er mir genüsslich, dass es auch in unserer Fauna eine Schlange gibt, die ihre Opfer erst erwürgt und dann verspeist: die Äskulapnatter (*Elaphe longissima*).

„Sie kommt an klimatisch günstigen Stellen im Taunus vor und ich werde noch vor meiner Pensionierung hinfahren, um mir ein Exemplar zu holen.“

„Lass mich dann mitfahren“, bat ich.

Das war klar – aber es sollte nicht dazu kommen.

Da lag nun Giftnudel und gähnte uns einmal an. Der Blick in ihr Inneres war wenig erhebend, wenn man gleichzeitig bedachte, dass größere Exemplare als sie gut und gern einen Menschen verschlingen konnten. Ihr Opfer war ein Großkaninchen, das vor lauter Arthrose nicht mehr hoppeln und nichts mehr vom Weiterleben erwarten konnte.

„Nur einen gnädigen Tod“, sagte Egon.

Als er mich vorm Schaufenster allein ließ, um das Kaninchen hinten in den Käfig zu lassen, begriff auch Giftnudel die Situation und rutschte mit ihrem umfangreichen, wie eine Dampfwalze wirkenden Körper nach hinten – sie wusste also Bescheid. Doch das Kaninchen sprang vom Arm Egons direkt weit in den Käfig hinein, so dass nun Giftnudel hinten suchte und das Kaninchen bei mir vorne war. Das ging noch zweimal so, gewiss nicht durch lebensrettende Gedankengänge des Kaninchens verursacht, bis Giftnudel dann doch überraschend vor dem Opfer auftauchte und es am Kopf packte. Das war der Anhalts- und Festpunkt, sich überhaupt ums Opfer ringeln zu können. Wir hörten Rippen brechen und die Wirbelsäule knirschen, als Giftnudel mit aller Muskelkraft sich selbst strammzog. Als das Kaninchen sich nicht mehr muckte, drehte sich Giftnudel los, um in Fressposition zu kommen: Immer muss der Kopf fest gepackt sein, ehe sie sich über ihr Opfer stülpen kann. Ich möchte hier das „Einsaugen“ desselben nicht beschreiben, es ist wirklich nichts für kleine Kinder…

„Einen Fresser müssen wir noch bedienen“, drängte Egon, „ehe wir hier Feierabend machen können.“
„Dieser Eine“ war Jungalligator „Roosevelt“ aus Florida, seit zehn Jahren im Zoo, davor ein Dutzend Jahre Nebendarsteller in einem bekannten Zirkus. Er brauchte nur alle vierzehn Tage abgefüttert zu werden. Er hörte auf seinen Namen nur, wenn Egon ihn rief. (Nachdem die Vereinigten Staaten in den Krieg eingetreten waren, rief ihn freilich niemand mehr.) Er besaß ein fünfzig Zentimeter tiefes Wasserbecken für sich, das gewärmt war und außerdem mit einer Infrarotlampe angestrahlt wurde. Angeboten wurde

ihm eine fette Wanderratte, die im Zoo durch eine Lebendfangfalle erbeutet worden war. Ihr Schicksal war entweder Krokodils- oder Löwenmahlzeit. Von allen mir vorgeführten Opfern litt sie am meisten: Denn Roosevelt fasste sie versehentlich nur an einem Hinterbein, zog sie aber zu sich ins Becken, wo sie mit vielen Zuckungen und Schluckaufs ertrank. Weil der Leichnam für sein Maul zu groß war, schüttelte er ihn mit unbändiger Kraft frei nach Krokodilart so heftig hin und her, dass Stücke abrissen und von Roosevelt separat aufgegessen werden mussten.

Zum zweiten Mal beim Großvater

Was tun in der ersten Hälfte der Sommerferien? Großvater half aus und lud mich in die Lüneburger Heide ein:

„Hier ist schwer was los für kleine Herpetologen! Rana esculenta, Rana temporaria, Emys orbicularis, Vipera berus, Bufo bufo und dergleichen mehr."

„Da schau her", sagte Mutter, „mein Vater wirft mit wissenschaftlichen Namen um sich her! Da lernt der Großvater vom Enkel!"

Natürlich wollte dieser Großvater mir auch seine Wildtiere und Wildblumen zeigen, auch viele der wunderschönen Insekten, die sein Revier bevölkerten, aber ich werde mich hier nur über die Tiere auslassen, für welche dieses Buch geschrieben wird. Ausnahmen bestätigen Regeln. Wir erlebten jetzt eine, als wir gegen Vormittag auf dem Hochsitz vor einem Dachsbau saßen, deren Besitzer, - man wundere sich -, Vater und Mutter Dachs, jetzt noch Anfang August, Junge großzuziehen hatten; eben eine Ausnahme der Regel!

Ich verrate jetzt vorab etwas, das, so glaube ich fest, noch kein Neunjähriger vor mir erlebt hat und kein ebensolcher noch je erleben wird: „Dachse spielen mit einer Kreuzotter“! Drei Jungtiere, körperlich schon weit fortgeschritten, balgten sich auf dem Erd- und Sandbau, dass die Fetzen flogen und sie kaum mitbekamen, dass eines der Elterntiere mit Beute herankam. Es warf eine lebende Kreuzotter in den Sand, die leicht down zu sein schien und sich nun im Kriechgang davonmachen wollte. Schwupps – eins der Jungen packte sie am Schwanz, was ein anderes Junges sah, nicht zurückstehen mochte und, schwuppdiwupp, das Kopfende der Otter zwischen die Zähne nahm. Dieses tierquälerische Verhalten konnten Großvater und ich in unseren Jagdgläsern Zeiss-8x56 hautnah miterleben.

„Diese Schlange ist zäh wie Leder“, sagte Großvater.

„Aber nicht hart wie Kruppstahl“, fügte ich hinzu.

„Und flink wie ein Windhund auch nicht“, ergänzte Großvater.

Wie dem auch war: Sie riss erst, als das dritte Dachskind in der Mitte zubiss. Danach aß jedes ein Drittel „Kreuzotter al dente“.

„Du hast heute eine Premiere erlebt“, sagte Großvater, „ich werde in ‚Wild & Hund‘ berichten, was wir gesehen haben. Du bist ein Glückskind.“

War ich in den anderen Tagen der Woche auch. Wer meiner Altersgenossen hat schon gesehen, wie eine Kreuzottermutter niederkam? Kreuzottern sind lebendgebärend wie die Waldeidechsen auch. Großvater erklärte mir den Vorteil dieser Nachkommenschafts-Methode:

„Dadurch wird erstens das Eigelege nicht dem Zufall der Ausbrütung durch Sonne und Wärme überlassen und zweitens ermöglicht sie den Arten, weit bis in jene Breiten der

Erde vorzudringen, wo Sonnenstrahlen niemals die Kraft erreichen, Eier auszubrüten."
So kurz und knapp konnte Großvater lehren. (Ein Biologielehrer eines Gymnasiums hätte dafür eine ganze Schulstunde benötigt.)

Großvater zeigte mir auch, wie fleißig sich die von uns beobachteten Sumpfschildkröten vermehrt hatten: Auf dem früher erwähnten Baumstamm saßen wie aufgereiht fünfzehn Junge beim Sonnen, deren Schilder nicht größer waren als ein Fünfmarkstück. Auch war Großvater nicht verständlich, wie eine Kolonie von wenigstens hundert Laubfröschen jetzt im August noch quakte, dass die Heide wackelte und man sich kaum unterhalten konnte. Wir besuchten sie am letzten Abend, beleuchteten sie mit Taschenlampen und konnten die aufgeblähten Schallblasen der Männchen deutlich erkennen. Auf warmen Stellen der Heide mit kargem Bewuchs sonnten sich „durcheinander" Blindschleichen, Ringelnattern, Zornnattern und Zauneidechsen. An einem Teichrand beobachteten wir eine Ringelnatter von einmeterzwanzig, welche sich an einem zu fetten Wasserfrosch zu verschlucken schien. Sein Kopf befand sich zwar bereits halb in ihrem Rachen, doch seine Vorderbeine umklammerten ihren Hals und er war stärker als sie. Langsam aber sicher arbeitete er sich rückwärts in seinen Teich zurück und zog sie mit. Im Wasser strampelte er so stark mit seinen Hinterbeinen, dass sie ihn nicht mehr halten konnte - flutsch, sagte es und er war frei.

Zum Abschluss des Aufenthalts bei Großvater schildere ich, wie ein Storch, also ein Adebar, von einer Horde wachsamer Wasserfrösche „an der Nase herumgeführt" wurde. Er flog nicht etwa an, wie Graureiher es tun, nein, er war auf der Wiese nebenan gelandet und stakste nun herbei. Das Gewässer bestand aus einem Teich, der auch als Viehtränke benutzt wurde und rundum begangen werden konnte. Wie an einem Meeresstrand ging das Land allmählich ins Wasser über: Ein idealer Ort, um sowohl Wasser als auch Land genießen zu können. Das Fernglas zeigte mir von weitem, dass auf hundert Metern mindestens 500 Frösche aller Größen, und nicht nur Wasserfrösche sich ausruhten und Jagd auf Insekten wie Libellen, Eintagsfliegen und Schmetterlinge machten. Als der Storch bis auf zehn Meter an die ersten Frösche herangekommen war, flohen diese mit weiten und raschen Sprüngen ins Wasser und tauchten in die Tiefe ab. Und so ging es weiter, ob nun der Storch zu rennen begann oder abrupt anhielt: Immer sprangen die Frösche vor ihm ab, um wenige Minuten später hinter ihm wieder ans Land zu steigen. Manche erwischte er dennoch: Die nicht schnell genug reagierten oder - sage und schreibe – in der Wärme eingenickt waren. Ich verließ Großvater, der einen kränkelnden Eindruck machte, und habe ihn nie wiedergesehen...

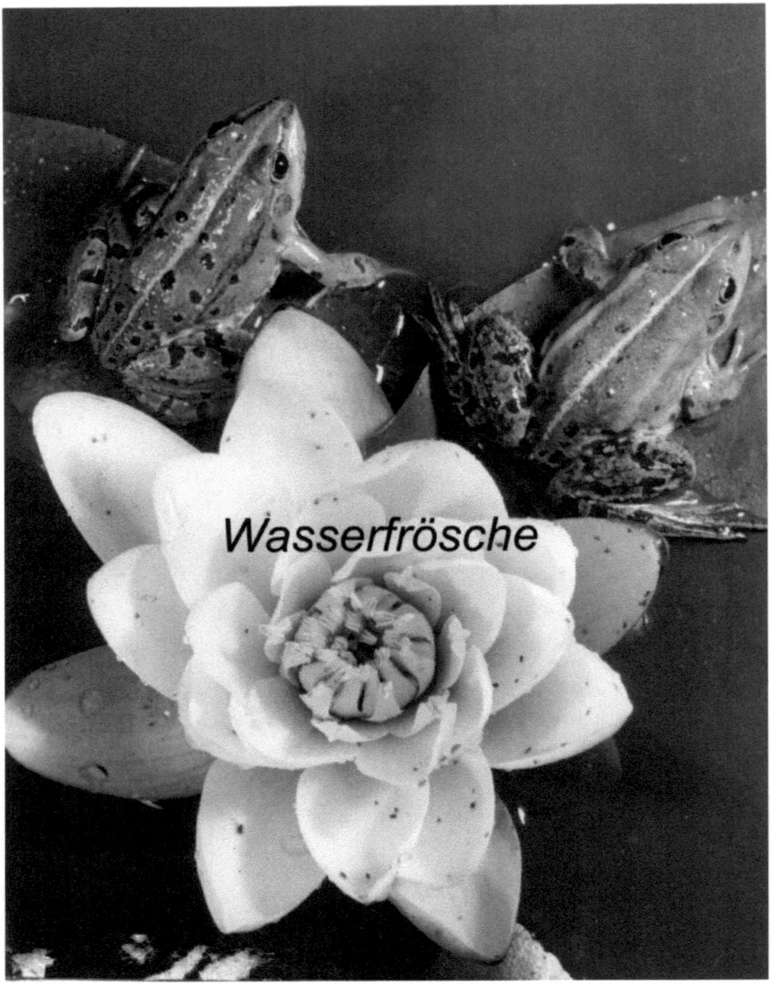
Wasserfrösche

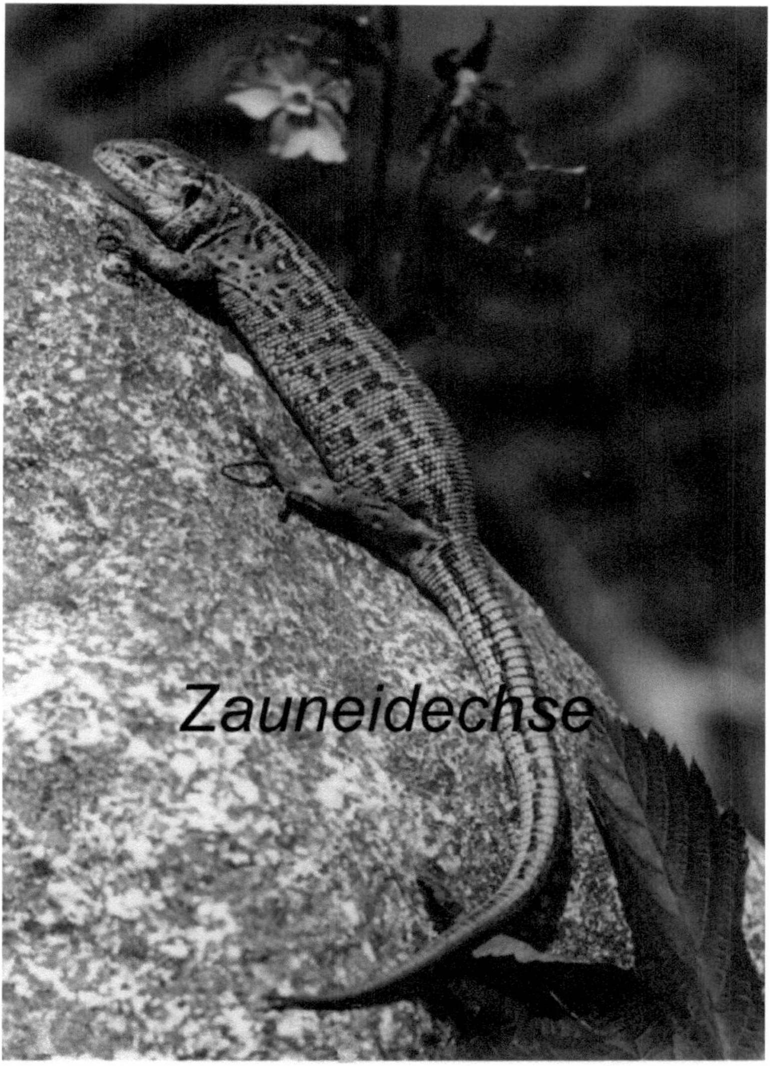
Zauneidechse

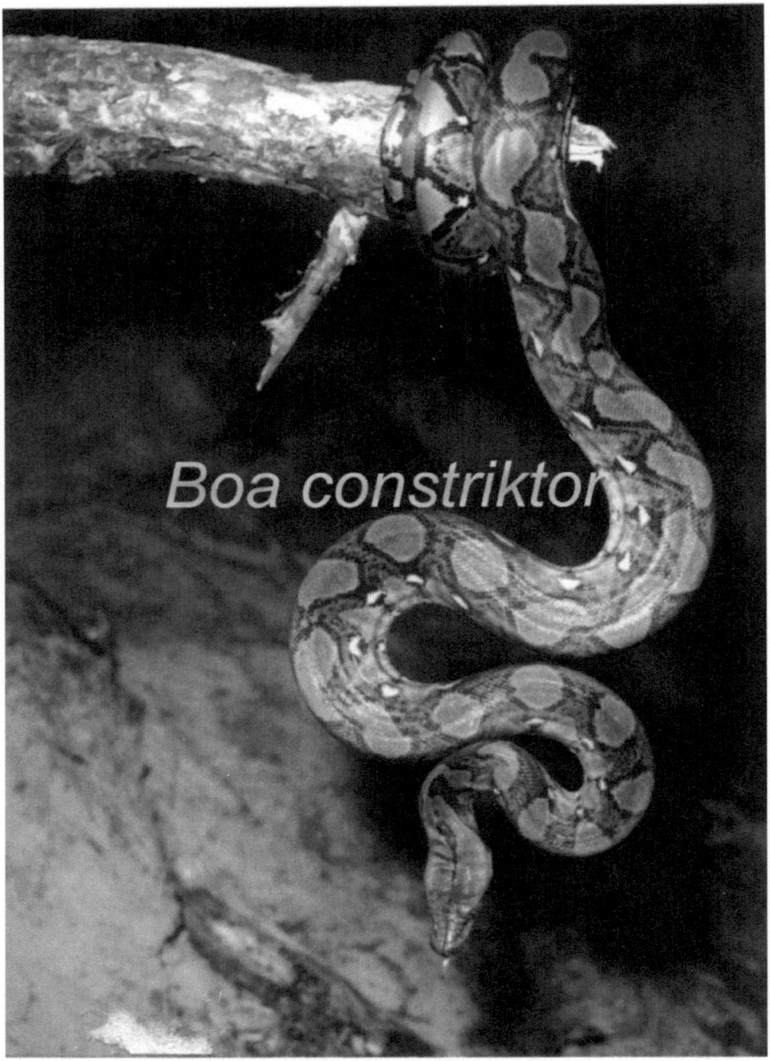
Boa constriktor

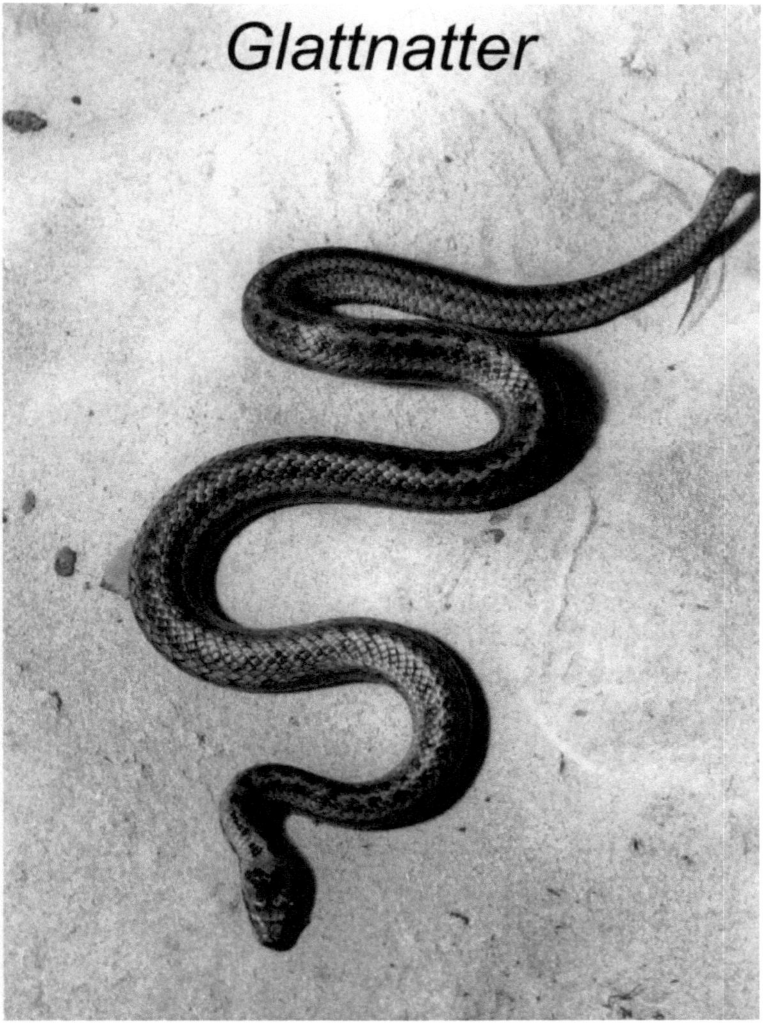
Glattnatter

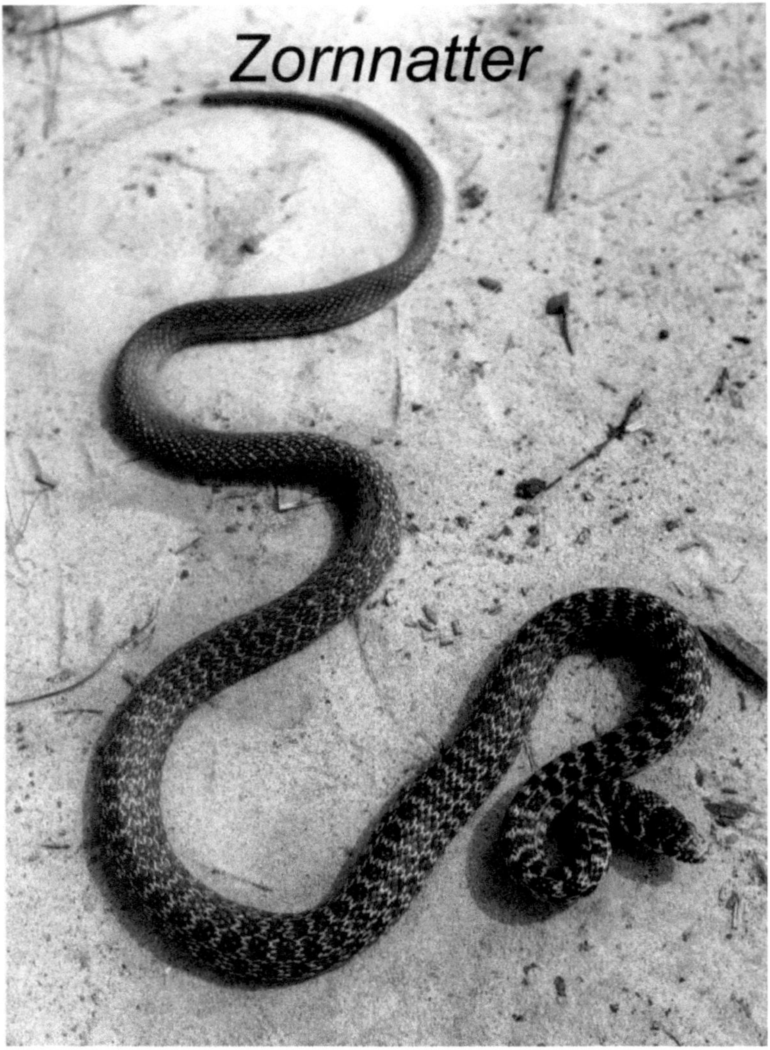
Zornnatter

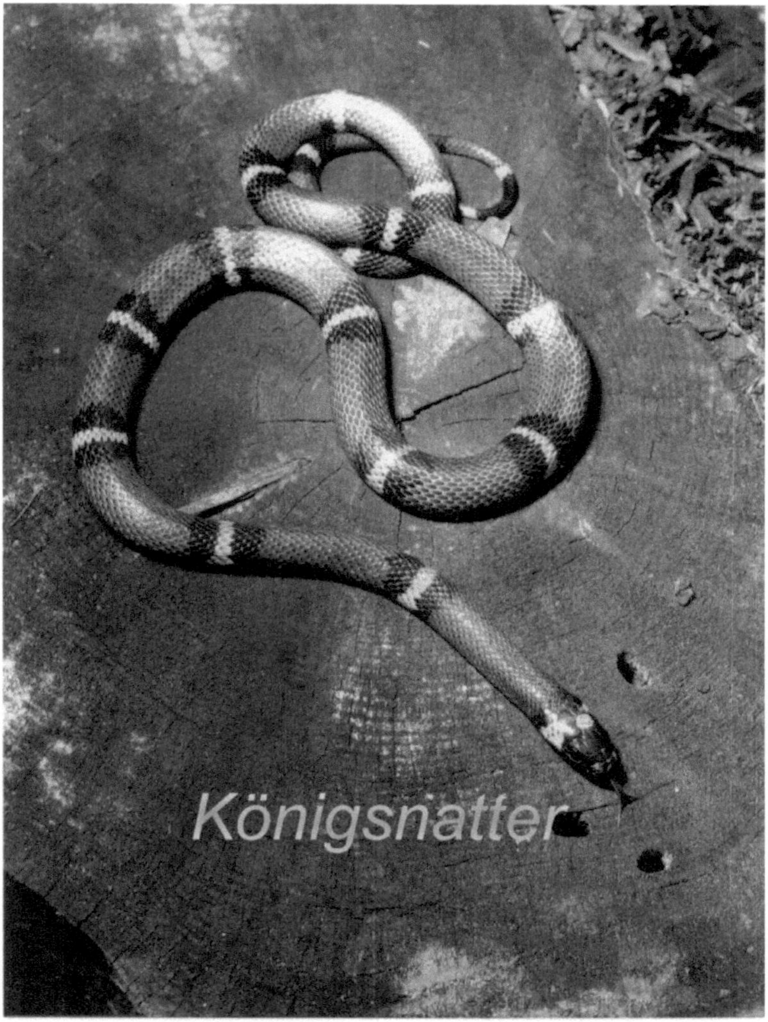
Königsnatter

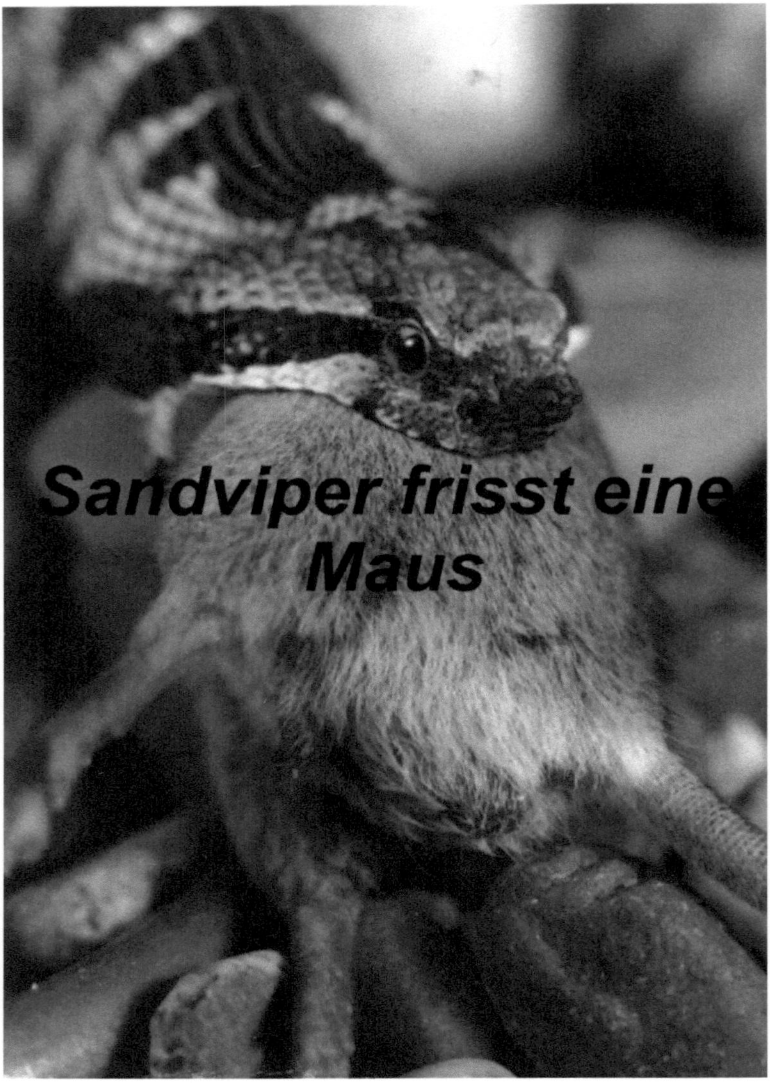
Sandviper frisst eine
Maus

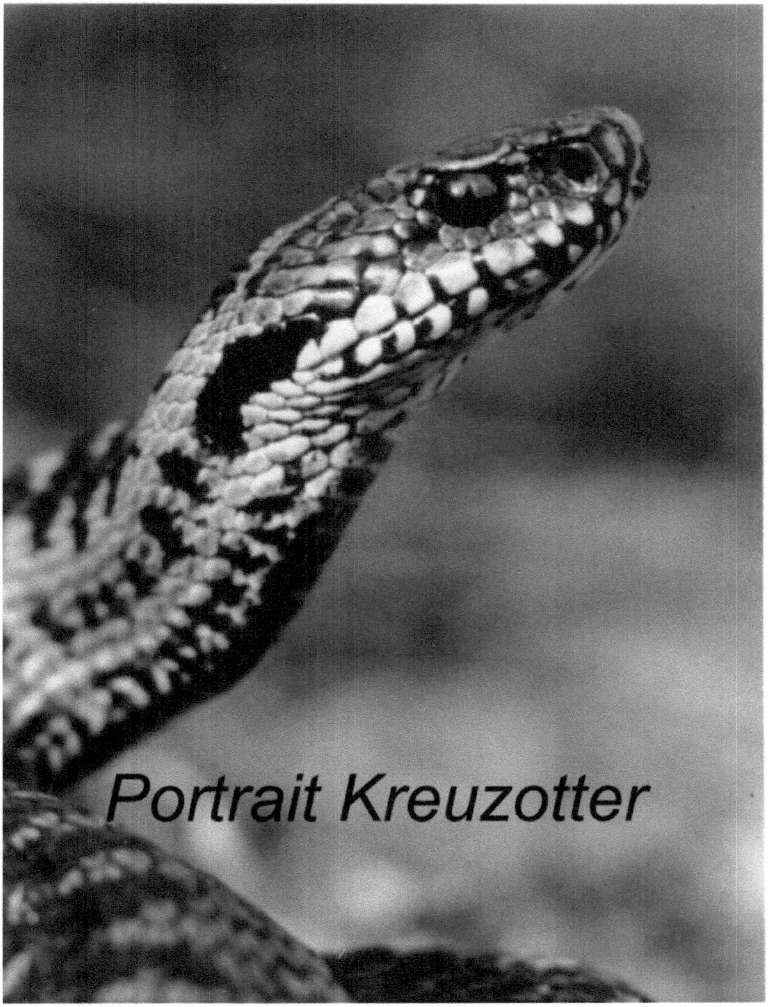
Portrait Kreuzotter

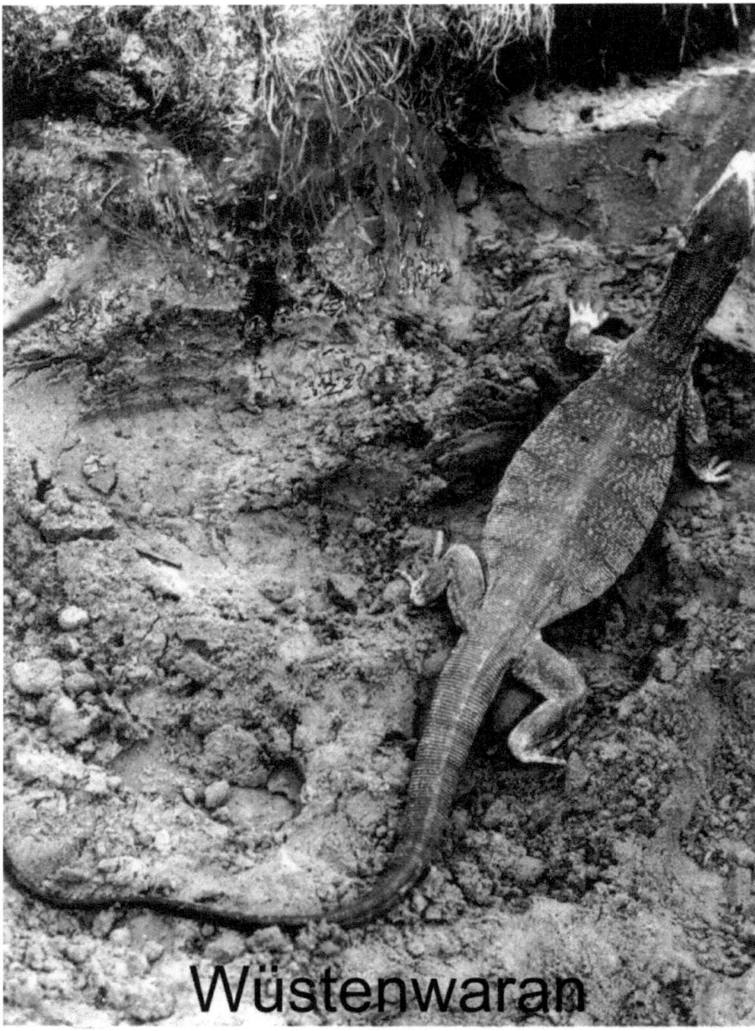
Wüstenwaran

Auf der Insel Rügen

Als wir, Vater, Mutter, Martin, Hermann und ich auf der Insel angekommen und ausgestiegen waren, uns im Hotel eingerichtet hatten und zu einem ersten Blick an den Strand gingen, wurde meinen Eltern eines klar: Es ist schier unmöglich, dass es in Bälde Krieg gibt. Obwohl hier ein Remmidemmi herrschte, das wir noch nie erlebt hatten. Zum Beispiel: Musikkapellen spielten neben Märschen vorwiegend Ländler und Walzer; Flugzeuge warfen zwar hölzerne Schwerter der Germanen und Römer ab, aber auch Agfa-Bälle und Karamellbonbons; neben seltenen Hakenkreuzfahnen flatterten auch Flaggen jener Nationen im Wind, die wenig später unsere Feinde waren; Uniformen sah man auch zwischen Badeanzügen, dicken Männerbäuchen und attraktiven weiblichen Oberteilen, aber es lagen ja auch U-Boote und Zerstörer im Hafen oder auf Reede; von den in unserer Stadt kursierenden Gerüchten über Rationierungen und Bezugsmarken gewisser Waren war nichts zu spüren; hier gab es keine braunen SA- und keine schwarzen SS-Männer wie zu Hause. Über allem schwebten nicht nur Luftballons von Sparta, Nivea, Kodak und Agfa, sondern auch unsichtbar aber spürbar der Hauch des Friedens.

„Peace for our time!“, soll Mister Neville Chamberlain, Minister in Großbritannien, vor kurzem ausgerufen haben.

* * * * * *

Schon am nächsten Tag, als ich mich selbständig gemacht hatte, entdeckte ich, dass es hier mehr Zaun- als Waldeidechsen gab. Obwohl ich die Hauptunterschiede zwischen beiden schon einmal dargelegt habe, möchte ich sie

hier wiederholen. Die Zauneidechse braucht mehr Sonne und trockene Lebensräume als die Waldeidechse, legt aber Eier und ist nicht „lebendgebärend“. Die Männchen sind grün gefärbt, die Weibchen tragen Tarnkleidung. Sie kamen hier massenhaft im warmen Sandgürtel vor, welcher der Ostsee vorgelagert ist. Da gab es Steine, Baumstämme, Heideflächen und viele Insekten wie Grashüpfer, die sie geschickt fingen. Tausend Badegäste und Touristen gingen an ihnen vorbei, ohne sie wahrgenommen zu haben. Ich aber hockte mich bequem zu ihnen und konnte stundenlang die Freude genießen, „ein Teil ihres Biotops zu sein“: indem sie meine warmen Lederschuhe bestiegen, bis zu den Knien hochkrochen und von mir gefangene Käfer und andere Krabbeltiere aus der Hand aßen.
Ihre Jungen waren jetzt im August geschlüpft und hatten noch bis Mitte September Zeit, sich etwas Fett anzuessen und ein, zwei Zentimeter zu wachsen, bis sie instinktiv das Richtige taten und ein sicheres Versteck für den Winterschlaf aufsuchten. Jetzt, wo ich bei Sonnenwetter abseits des Bäderrummels allein am Wald saß oder hin- und herging, um die Eidechsen zu zählen, dachte ich darüber nach, welche Fressfeinde die Eidechsen im Allgemeinen und ihre Jungtiere im Besonderen besitzen. Einige sah ich, wenn ich umherguckte: Turmfalken, Krähen, Elstern, Lach- und andere Möwen, Katzen, Wanderratten. Wieviel von hundert im Sommer geborenen Jungen leben im Frühjahr noch? Hat das mal einer unserer Wissenschaftler durchdacht und ausgerechnet?

Plötzlich setzte sich einer von ihnen zu mir aufs Altholz.

„Ich heiße Berndt Schuster“, sagte er, „und habe dich etwas beobachtet. Du scheinst ein Kenner und Könner zu sein, wenn's um Eidechsen geht. Stimmt das? Du brauchst nichts zu sagen, wenn du nicht willst und kannst Du zu mir sagen."

Wir saßen nebeneinander und ich kramte mein Butterbrot für den Nachmittag aus dem Rucksack, das nun für zwei reichen musste. Wir sprachen über Naturschutz und ob man, wie ich es vorhatte, ein paar Exemplare aus der Natur fangen dürfe, um sie zu Hause freizulassen.

„Das kann man machen", sagte Berndt, „denn es dient einem guten Zweck. Ich sage dann allen Kritikern, die von mir gehaltenen Tiere lebten länger als ihre freien Artgenossen und auch von ihren Jungen kämen in Gefangenschaft mehr durch als in freier Wildbahn. Habe, übrigens, zu Hause, eine fabelhafte Anlage für Eidechsen, die kannste sehen, wenn du willst."

Ich wollte und wir verabredeten uns für morgen. Mir schien es angebracht, Berndt gegenüber durchblicken zu lassen, dass ich nicht von Pappe war und er nicht glaubte, einen Schwätzer vor sich zu haben. Er sollte auch wissen, dass ich mich für alle „Kriechtiere" interessierte. Darum erzählte ich ihm zwei Beispiele über Massenvorkommen von Waldeidechsen und Wasserfröschen zu Hause:

„Erstens: Gewöhnliche Kreis-, Landes- und Reichsstraßen bei uns, noch aus Kopfsteinpflaster bestehend, sind häufig mit weiß angestrichenen Basaltsteinen zum Straßengraben hin abgegrenzt. Bei günstigem Sonnenstand besonders in den Nachmittagsstunden, so habe ich jahrelang beobachtet, war ihre Sonnenseite, und das bei jedem Stein kilometerlang, von je zwei bis drei Eidechsen besetzt. Der bei uns noch seltene, jedoch schon vorhandene PKW- oder Pferdewagenverkehr störte sie nicht. Auch nach Sonnenuntergang blieben sie noch eine Weile sitzen, weil Basaltsteine gute Wärmespeicher sind. Obwohl ich in der Schule im Rechnen schwach war, habe ich nach Abgehen eines Straßenkilometers genau 980 Waldeidechsen gezählt oder errechnet.

Zweitens: Bei uns sind fast alle Verkehrsstraßen beiderseits mit Gräben versehen, die der Entwässerung der Ackerflächen dienen. Sie führen bis in den Hochsommer Wasser und ermöglichen den Gras- und Wasserfröschen, ihre Nachkommen groß werden zu lassen. Alle Frösche gehen zum Sonnen gern aufs Ufer. Da sitzen sie nun zu Tausenden auf einem Kilometer und springen mit Riesensätzen ins Nass, wenn man ihnen nahe kommt – dahin scheinen überall diese herrlichen und paradiesischen Zeiten für Kleintiere zu sein, meine ich, meinst du nicht auch?“ Meinte er und war ganz begeistert über meine Art der Ausführung solcher Probleme.

Am nächsten Tag stellte ich Berndt erst einmal meinen Eltern vor, damit sie mir erlaubten, mit ihm zu gehen. Er war schon 30 und noch Junggeselle und würde es bleiben, bis er seine drei großen Terrarien aus den Wohnzimmern in Nebenräume verlegte. Das eine Terrarium von vier Quadratmetern Größe diente nur unserer einheimischen Zauneidechse, das andere, ebenso groß, beherbergte wundervolle exotische Amphibien: „Zweifinger Blattsteiger“ (*Phyllobates bicolor*), „Färberfrosch“ (*Dendrobates tricolor*), „Königslaubfrosch“ (*Hyla regilla*) und „Kuba Laubfrosch“ (*Hyla septemtrionalis*). Das dritte Terrarium von drei Quadratmetern Größe beherbergte exotische Schlangen: „Gebänderte Wassernatter“ (*Natrix fasciata*), „Indigoschlange“ (*Drymarchon corais*), „Mangrovenschlange“ (*Natrix f.*

compressicauda) und die amerikanische Erdkröte (*Bufo terrestris*).

Hier, in den durchaus nicht anheimelnden Räumen eines sonst schönen Hauses, fasste ich zwei Entschlüsse, die ich im Großen und Ganzen auch verwirklichte: Latein zu erlernen, um mit den komplizierten internationalen Namen zurechtzukommen, und unbedingt alle meine Tiere und Länder zu fotografieren, mit denen ich bekannt werden sollte - der kühne Plan eines Jungen, der zwar gerne träumte und sinnierte, (wie Berndt mich einzuschätzen begann), aber doch von dieser Welt war!

„Diese Welt?", sagte Berndt klagend und ein Bach von Tränen rollte über eine seiner Backen.

„Was ist mit ihr und dir?", fragte ich.

„Ich habe schon den Gestellungsbefehl", antwortete er.

„Was wird in einem solchen befohlen?"

„Dass ich Soldat werden und auf Menschen schießen muss, statt zu studieren und Tiere zu halten."

„Wer befiehlt so etwas?"

„A. H."

Aha, er benutzte also dasselbe kurze Kürzel wie meine Familie und ich.

„Also?", fragte ich, „gibt's Krieg?"

Er nickte und prophezeite auf seine geliebten Terrarien:

„All for cat – alles für die Katz'!"

So war's – ich habe ihn nie wiedergesehen – er muss also gefallen sein.

* * * * * *

Aber „meine“ Zauneidechsen habe ich wiedergesehen: 40 Jahre später! Ich hatte Berndt angedeutet, dass ich gern „eine Ladung Zauneidechsen“ mit nach Hause nehmen wollte, um mit ihnen eine neue Population in der Nähe unserer Stadt zu begründen. Er stimmte zu, Vater war ebenfalls einverstanden, und so enthielt jener Karton, den ich während der Rückfahrt auf den Knien festhielt, eine gemischte Gesellschaft junger und erwachsener, weiblicher und männlicher *Lacerta agilis,* was übersetzt „flinke oder schnelle oder agile Eidechse“ heißt. Eidechsen lassen sich besser transportieren als Mäuse, weil sie sich, in Kartons eingesperrt, vollkommen ruhig verhalten.
Die Stimmung in Sellin war mächtig abgekühlt, als gegen den 20. August die ersten Feriengäste „abzuhauen“ begannen und Vermieter und Hoteliers lange Gesichter machten. Die Hauptangst dieser Leute hier bestand darin, dass man in einem Kriegsfall die Polen hier innerhalb von drei Tagen erwartete und fürchtete, dass sie jene Unmenschen waren, als die sie ab jetzt von den braunen Medien dargestellt wurden. A. Hs. Goldene Krone, die während seiner friedlichen Tätigkeit leuchtete, begann zu verblassen. Was würde geschehen, wenn Großbritannien seine Ankündigung wahrmachte, im Kriegsfall für Polen einzutreten. Vater sagte, dass A.H. „nicht so doof sein könne, für Danzig und den so genannten Korridor nach Ostpreußen einen Krieg zu provozieren“. Bruder Otto war inzwischen 16 geworden und würde, bei einem langen Kriegsverlauf, noch unter die Soldaten geraten. Er war als werdender Künstler gegen A. H. eingestellt – seiner Karriere wegen.

„Es ist Krieg!“ 1939 bis 1943

„Meiner Ladung“ Zauneidechsen war‘s gleichgültig, was idiotische Menschen trieben, als ich am 3. September 1939 ihren Karton auf den Gepäckträger schnallte und ab in die Bockholter Berge radelte. Von der Jahreszeit her war es noch früh genug, Eidechsen auszusetzen. Und Naturverstecke gab es dort im leicht hügeligen sandigen Gelände genug: Vom Sturm gefällte Bäume samt Wurzelbereich, Erdhöhlen der Kaninchen, alte aufgelassene Gräben, Baumstumpen beim Vermodern und Reisighaufen, die absichtlich liegengeblieben waren. Ich setzte mich auf einen dieser Stumpen, öffnete den Karton und harrte der Dinge, die nun kommen sollten. Zuerst wagten sich die Weibchen an die Luft, blieben aber sofort stehen, als die Sonnenstrahlen sie erreichten. Allmählich drang diese Sonnenwärme ins Innere des Kartons und holte die letzten Exemplare ans Licht. In der Zeit von einer Stunde hatten alle Zauneisechsen den Karton verlassen und begannen sich, ohne einen einzigen Blick auf mich zurück, in diesem Bereich der Bockholter Berge zu verteilen. Ich sagte leise „Adieu“ und trollte mich ebenfalls.

Nämlich zum Zoodirektor, um zu berichten. Er war mir inzwischen so zugetan, dass er mich am liebsten, - wie man so schön sagt -, „an Sohnes statt“ angenommen hätte. Ich schnitt ein Thema an, das ihn selbst vor lauter Verwaltungsarbeit noch nicht interessiert hatte:

„Was geschieht denn, Herr Direktor, wenn der Zoo bombardiert wird?“

Er zuckte wie getroffen zusammen:

„Wie kommst du auf solch einen utopischen wirkenden Gedanken, Junge?“

„Nun, hab in den Ferien eine Wochenschau gesehen, wo in Spanien Städte bombardiert wurden.“

„Das wird hier in Deutschland nicht vorkommen, weil Hermann Göring, Tierfreund und Jäger vorm Herrn, es nicht zulassen wird.“

Nun, schmähen wir nicht der Mehrheit aller Deutschen, welche glaubten, ohne zu denken!

* * * * * *

In diesen ersten und kaum ereignisreichen Monaten des Kriegs, wo es außerdem zum Winter ging, entwickelte sich mein Interesse an Zoologischen Gärten über alle Maßen. Es war so, dass ich sie alle gerne besucht hätte, bisher aber nur unseren hier in der Stadt. Sonntags mit halber oder ganzer Familie, und wo ich stehenbleiben wollte, wollten die anderen nichts sehen und umgekehrt. So wurde ich dann der Hauptnutzer unserer Jahresfamilienkarte und in wenigen Wochen der Liebling des Zoodirektors und seines Personals. Natürlich auch der mancher Tiere. Ich durfte hinter die Kulissen schauen, reine machen, Essen zubereiten, friedliche Tiere putzen und striegeln. Alle Grasesser, die ich schon erwähnte, kannten binnen kurzer Zeit meine Hosen- und Jackentaschen und den Wohlgeruch, den Besitzer und Esser von Rheila-Perlen, Wybertbonbons, Lakritz und Salmiakpastillen zu verbreiten pflegen.

Abends, wenn der Zoo geschlossen hatte, durfte ich Zeuge dessen sein, was kein Zoo seinen Besuchern bieten mag: Das Füttern derjenigen Tiere, die nur Lebendfutter mögen. Folgendes durfte ich eingehend beobachten und mir hinter die Ohren schreiben:

Erstens: Hungrige Puffotter verpasste Ratte den Giftbiss, Ratte taumelte nach einer halben Minute, krepierte nach einer ganzen, wurde von der Schlange gefunden, am Kopf gepackt und mühsam und mit vielen Kopf- und Halsverrenkungen in die Schlange hinein transportiert.

Zweitens: Würgeschlange Boa Constrictor, drei Meter lang und baumstammdick, beäugte das in ihren Käfig freigelassene Meerschweinchen. Das arglose Tierchen, das bisher nur eine spendable Welt kennengelernt hatte, kam der Boa so nah, dass diese sich in einer blitzschnellen, für meine ungeübten Augen kaum sichtbaren Bewegung, um diese Beute wickeln konnte – darum der Name Würgeschlange. Ich hörte das zarte Gerippe knacken und die letzten Züge einer zerquetschten Lunge. Dann löste die Boa die Umklammerung und machte sich umständlich auf die Suche nach dem Kadaver. Auch sie musste am Kopf anfangen und sich sozusagen über das Meerschweinchen stülpen.

Drittens: Brillenkaiman Roosevelt aus Florida, schon zwanzig Jahre im Zoo, brauchte nur einmal in der Woche gefüttert zu werden, wenn er jedes Mal einen ordentlichen Happen wie eine weiße Ratte serviert bekam. Das war nun abends um 20 Uhr geschehen. Zoowärter Alois und ich guckten fasziniert zu, mit welcher Geduld Roosevelt die in seinen Käfig gelassene Ratte zur Kenntnis nahm: nämlich völlig regungs- und ausdruckslos. Schließlich schnüffelte sie sich in die Reichweite seines mit vielen Zähnen bestückten Rachens, der in Sekundenbruchteilen vorschnellte und die Ratte am Kopf packte. Diese schrie gellend auf, zappelte eine Minute lang und hauchte dann ihr Nagerleben aus. Roosevelt schlang sie hinab, aber ihr nackter Schwanz ragte noch dreißig Minuten lang aus dem Maul.

Solche lehrreichen und erbaulichen Geschichten erlebte keiner meiner Alters- und Schulgenossen!

Diese Genossen! Außer denen, die zu mir hielten und manchmal an meinen Abenteuern teilhaben durften, leitete die anderen blanker Neid über meine Erfolge auch im Finanziellen. Da kamen Fragen auf wie „Habt ihr das nötig?“, „kriegste zu Hause kein Taschengeld?“ oder „wer sein Schulgeld nicht bezahlen kann, sollte auf der Volksschule bleiben“, so richtig, wie reiche Fritzen sich zu benehmen wussten. Gegen sie stand das Benehmen jener Männer und Frauen aus dem so genannten Volk, zum Beispiel Egon Krassmann, der zum Geburtstag eingeladen und von Mutter einen Nusskuchen verehrt bekommen hat. Weil unsere Ersatz-Kinderfrau Frieda den Kuchen herbrachte, durfte sie auch eine Weile bleiben. Wir hatten auch eine Weile geschwatzt, als ich ein Thema auf den Geburtstagstisch brachte, das ich schon einmal ähnlich angeschnitten hatte:

„Herr Direktor, wie haben Ihre Tiere bisher auf die wenigen Alarme und Flakfeuer reagiert?“

„Fast alle Tierarten“, antwortete er, „gewöhnen sich an laute Geräusche. Man kennt das ja von Pferden im Krieg, und Soldaten des Weltkriegs haben beobachtet, dass Rehe, Hirsche und Wildschweine sich beim Schießen nicht mehr aufregten. Eine Ausnahme bilden die Affen. Sie zetern mörderisch und haben wohl schon Verstand genug, die Gefahren zu erkennen.“

„Was passiert“, fragte ich noch weiter, „wenn gefährliche Tiere wie Löwen, Tiger, Panter und Leoparden durch beschädigte Käfige freikommen und herumlaufen?“

„Die wird man wohl abschießen müssen.“

Als die ersten wirklich verheerenden Luftangriffe auf unsere Stadt niedergingen, so im Oktober 1943, war ich schon in der zweiten KLV in Bayern ausgelagert.

Jetzt brachte ich ein Anliegen vor, das den kommenden Winter betraf:

„Ich überstehe diesen Winter zu Hause nicht, wenn ich kein Tier zu versorgen habe. Egon, hilf mir, Herr Direktor, helfen Sie mir!“

Sie schauten sich ziemlich verschwörerisch an und der Direktor sagte:

„Wir wollen in diesem Winter das Tropenhaus umbauen und wären froh, wenn die Bevölkerung der Stadt ein paar Tiere vorübergehend übernehmen könnte.“

„Bevölkerung der Stadt?“, fragte ich, „gehöre ich dazu?“

„Ja“, versicherte Egon, „du in erster Linie. Ich werde dir ein Terrarium einrichten und in dein Zimmer stellen, von dem du ein Leben lang träumen wirst.“

„Und wen oder was willst du reintun?“

„Ein oder zwei Riesengürteltiere, *Cordila giganteus* geheißen...“

„Riesentiere wird Mutter nie zulassen“, warf ich ein.

„Sie tragen deshalb das Vorwort ‚Riesen‘, mein Junge, weil es auch eine kleinere Version von ihnen gibt. Du hast sie schon im Afrikahaus gesehen, es sind zackige und stachlige Gesellen, deren Terrarium keinerlei Pflanzen braucht, nur Steine, Sand und Felsen.“

Egon und ich, wir gingen hin und er überzeugte mich, indem er einen der Burschen herausnahm und mir in die Hand drückte.

„Und was essen die?“

„Bei uns hauptsächlich Wanderheuschrecken, die wir selbst züchten. Ab Frühjahr bis zum Herbst kannst du ihnen Heuschrecken, Grillen und allerlei Käfer fangen. Der Chef wird sie dir überlassen, wenn du sie gut pflegst."
Das war abgemacht: Damit wurde ich Besitzer von Gorgo, dem nettesten Gürtelschweif, der je in der Stadt gelebt hat. Er blieb unter meiner Obhut, bis ich im August 1943 ins bayerische Exil gehen musste.

* * * * * *

Der Unterricht im Schiller-Gymnasium gefiel mir ausnehmend schlecht. Auch an den Fächern, die mir eigentlich zusagten, Biologie, Geschichte und Deutsch, fand ich wenig Gefallen, weil ich alle Lehrer als „Nieten" ansah und nicht begriff, warum sie den Unterricht so langweilig gestalteten. Außerdem war ich zwar ein Jahr älter als die meisten Schüler, ihnen aber körperlich unterlegen und musste mich ihrer Angriffslust oft genug erwehren. Ich fand nur wenige Freunde, die meine Tierleidenschaft teilen mochten. Auch waren sie mir zu sehr A.H.- Anhänger, freilich nur in der Zeit der Rundumsiege, dass sie mir näherkommen durften.

Ich muss jetzt einen langen Zeitsprung machen, weil bis 1941 wenig Herpetologisches geschah. Mit der Schule hatte ich Schwierigkeiten genug. Die Weitsicht der braunen Führung unter A.H. war so gut, dass sie, diese Führung, schon einmal die so genannte Kinderlandverschickung, KLV, proben ließen. So kam ich mit ihr, noch auf der Volksschule, für sechs Monate des Jahres nach Neckarsteinach, Schlüchtern und Limburg, wo ich in die Sexta des

Städtischen Gymnasiums eingereiht wurde. Wie staunten Lehrer- und Schülerschaft, dass ich die wissenschaftlichen Namen vieler Tiere ohne Stottern hersagen konnte, und der Biologielehrer bat mich um sonntägliche Führungen „an die Lahn und in die Wälder, um uns die heimischen Reptilien und Amphibien vorzuführen". Daraus wurde nichts, weil es vorher heimging.
Während meiner Abwesenheit hatte Egon die Versorgung von Gorgo übernommen. Bei uns im Garten tat sich im Planschbecken nichts, weil Vater alle Aktionen, die nicht der Schule dienten, verboten hatte.

„Es ist Krieg!" 1943 bis 1945

Im Juli 1943 machte unsere reduzierte Familie die letzten Kriegsferien in Blomberg im Lipperland. Sie waren keine richtige Erholung mehr, denn tags und nachts zogen amerikanische und britische Fliegerverbände am Himmel entlang und verursachten auch im entlegensten Dorf Fliegeralarm. (Was ich dort in Blomberg alles anstellte, habe ich in meinem Buch „Ein Mäusekrieg von 1938 bis 1954" beschrieben, ISBN 978-3-96103-219-8, Rediroma-Verlag, 2017). Hier lernte ich eine Menge Eidechsen kennen, was ich nicht für möglich gehalten habe. Ganze Kolonien von ihnen hatten sich in einem Erbsenfeld angesiedelt und dort im Gesträuch trieben sie sich herum und genossen die Julisonne. Im Juli haben die Waldeidechsen ihre Jungen geboren und ihre Bevölkerungszahl ist mächtig angestiegen.

Bis 1943 hatte A. H. nicht nur gesiegt, sondern fünf mächtige Niederlagen einstecken müssen. Ich fasse mich hierüber nur kurz, weil es eigentlich nicht zum Thema gehört, aber erwähnt werden sollte:

Erstens Leningrad nicht erobert; zweitens Moskau nicht erobert; drittens bei Stalingrad eine komplette Armee verloren; viertens in Nordafrika mehr als eine Armee verloren; fünftens den Luftkrieg bereits verloren. Um nicht alle seine Nachkommen zu verlieren, die den Krieg jahrelang weiterführen könnten, schickte A. H., selbst ohne direkte Nachkommen, die anderen in weniger luftgefährdete Gebiete - „halt nach Bayern, gel?“

Hier in Blomberg, das man damals als Vorstufe zu Bayern sehen konnte, waren nun Mutter, Hermann und ich gelandet. Otto war bereits eingezogen und im Begriff, die Lage im Osten zu retten, Wolfgang stand in Ausbildung dazu und Martin bediente zu Hause 8,8-Flakgeschütze. So hatte ich freie Hand wie noch nie in den Sommerferien. Vor mir erstreckte sich ein reifendes Erbsenfeld. Diese Felderbsen benötigten nicht wie Gartenerbsen der Schrebergärtner Stangen, an denen sich die Pflanzen hochranken können – hier wächst alles durcheinander und jede Pflanze hält jede andere fest. Da saß ich nun auf einem Erdhügel und dachte darüber nach, dass die meisten Tiere hier Erbsensuppe verschmähen, als mich solch ein Tier besuchte: Das Männchen der Waldeidechse, noch von der Paarungszeit her auf der Körperunterseite wunderbar ausgefärbt, erkletterte mich vom Erdboden, wo die Sonne nicht hinreichte, über Schienbein, Knie und Bauch auf den rechten Oberarm, wo es endlich den wirksamsten Strahlungswinkel erreichte.

Andere Eidechsen beobachteten das und folgten, bis ich von einem Dutzend ihrer kleinen Persönlichkeiten bedeckt war – himmelkreuzsakra: Warum ist kein Fotograf zur Stelle! Stattdessen fiel ein Schatten auf mich und sein Besitzer fragte im Lippischen Tonfall:

„Magst mit heimgehen und Himbeergelee auf Lipper Stuten essen?“

Mochte ich natürlich. Ich will mich hier nicht in einer Orgie ergehen, die ich bei der Bäuerin und ihrer Familie in Sachen „Nachmittagsessen“ anrichtete. Wichtig ist, dass ich des Bauern Bruder Heinrich antraf, der frisch abgeheilt aus dem Lazarett gekommen war. Hier ist sein Bericht, der auch auf meine Lieblinge Bezug nimmt und deswegen lohnt, gedruckt zu werden:

„Du siehst, dass mein linker Arm ab ist. Der russischen Gewehrkugel, die ihn abriss, verdanke ich mein Hiersein und Überleben. Denn ich war durch diese lebensgefährliche Verletzung einer der letzten normalen Soldaten, die aus dem Stalingrad-Kessel ausgeflogen wurden. Möchtest du hören, wie es dort zuging?“

„Wenn Sie dabei von Tieren berichten, ja“, sagte ich.

„Natürlich, ich bin ja geborener Landwirt. Also: Des Führers Großmäuler schwadronierten ja immer, dass der Russlandfeldzug motorisiert stattfinde und Pferde nur für den Ausritt der Generale da seien. Gestunken und gelogen das! Im ersten Russlandwinter ging nichts ohne Pferde und man hatte auf Hitlers Befehl hin nicht für sie vorgesorgt. Sie aßen die Strohdächer von den erbärmlichen Hütten der Bauern dort, Schilfrohr, Baumrinde und Klopapier. So bekamen sie Koliken und starben dahin wie Wanzen im Frost. Als wir in Stalingrad eingeschlossen und trotz aller Versprechungen höchster Naziführer nicht versorgt wurden, aßen wir zunächst Hunde, Katzen, Ratten, dann Ziegen, Schafe und schließlich die abgemagerten Pferde.“

Heinrich haute mit rechts auf den Tisch, dass die Stubenfliegen in den Stall flüchteten. Wir folgten ihnen und er fuhr fort:

„Ich erzähle dir das, damit du's behältst und vielleicht später darüber schreiben kannst. Du scheinst mir ein schlaues Bürschchen zu sein und wirst mich gewiss nicht beim Ortsgruppenleiter anzeigen. Oder?"

„Nie und nimmer!"

Er berichtete nun über „Herden von Eidechsen und Agamen" und „Regimentern Land- und Wasserschildkröten, die wir einfingen, in Asche garten und dann auslöffelten." Er erzählte mir jene Unglaublichkeit, die auch Doktor Joseph Goebbels nicht veröffentlichen lassen mochte: Dass ein von den Russen umstelltes Armeekorps, um nicht zu verhungern, seine Gulaschkanonen mit Hunderten, ja Tausenden Wasserfröschen und Molchen füllte, ein paar Kohlköpfe und halbreife Äpfel dazu gab und alles zu einem Brei verkochte, „der ganz gewiss alle anderen Eintöpfe wie Erbsen- und Bohnensuppe an Vitaminen und anderen Nährstoffen übertraf."

* * * * * *

Die Aufforderung oder der Befehl, dass Jugendliche meines Alters sich für die KLV einzutragen hätten, kam nicht überraschend. (Was alles ich in Tegernsee und Lenggries vom August 1943 bis zum Juni 1945 getrieben habe, ist in meinem Buch „Pimpfe, Pauker und Propheten" zu erfahren, ISBN 978-3-96103 155-9, Rediroma-Verlag, 2017). Darum beschränke ich mich hier auf meine bayerischen Tiererlebnisse – ich hatte gar nicht gehofft, hier irgendwelche zu erleben! Ich möchte über diese Zeit, welche uns aus den nun tobenden Bombenangriffen zu Hause heraushielt, nicht über Gebühr schreiben, aber doch einige tierische Schwerpunkte erwähnen. Ich bringe hier die erwähnenswerten Erlebnisse nach ihrer Abfolge bis zum Juni 1945.

Erdkröten retten. Was heute selbstverständlich erscheint, nämlich die sympathischen Erdkröten im zeitigen Frühjahr bei ihren Straßenquerungen zu retten, war damals in Bayern unbekannt. Ich kannte diese Erscheinung schon aus der Heimat, aber auch da hatte sich niemand geregt, ihnen die Straßenüberquerungen zum angestammten Laichplatz zu erleichtern. Natürlich betrug der Autoverkehr nicht den zehnten Teil von heute, und die ländlichen Pferdefuhrwerke konnten nicht viel Schaden anrichten. Jetzt aber entdeckte ich bei einer Fußwanderung zwischen Tegernsee und Rottach einen Straßenübergang aus den Winterquartieren der Erdkröten in eine stille Bucht des Tegernsees hinein, auf dem Hunderte platt gefahrene Kröten lagen. Über sie wanderten andere Kröten hinweg, dem See zu. Da machte ich wieder Meldung bei Änne Nüssen, diese rief die ganze Klasse „für den Naturschutz" auf und schon ging's unter Anführung der Lehrerin mit Spaten, Schaufeln, Schippen und Eimern los. Behörden wurden nicht gefragt, drei Polizisten, alle kriegsversehrt, halfen den meist militärischen Straßenverkehr zu ordnen und gaben meinen in körperlichen Arbeiten unterentwickelten Kameraden theoretische und praktische Hilfe. Heute ist jedem Bürger bekannt, was zu tun war: Auf der Straßenbergseite direkt neben Asphalt oder Befestigung einen Graben ausheben, etwa nach jeder Richtung von fünfzig Metern und in einigen Abständen die Eimer so in die Erde einlassen, dass sie mit dem Boden abschlossen. Die in den Graben gefallenen

Kröten fielen dann in die Eimer, welche alle paar Stunden von uns kontrolliert wurden. Dann ab mit den gefangenen Kröten ins Wasser. Erst lachten die Einheimischen, aber die Tageszeitung fand Gefallen an der Aktion und berichtete positiv. Dadurch wurde „Roberto der Spinner“ auf mich aufmerksam und stellte sich vor.

Tiere zur Forschung halten. Er lebte in Rottach-Egern auf dem mittleren Hof seiner Eltern und hatte, nach deren Einschätzung, nicht alle Tassen im Schrank. Damit eröffnete er seinem Bruder die Chance, den Hof zu übernehmen. Er selbst widmete sich „der Wissenschaft der Herpetologie = der Reptilien und Amphibien“. Ich fand ihn ganz normal und wir befreundeten uns. Was er auf dem elterlichen Hof trieb, war geradezu in die Zukunft weisend für alle Terrarianer und Aquarianer! Weil der Teil des Hofgeländes, den ihm seine Familie überlassen hatte, einen mittleren Hang von fünf Metern Anstieg besaß, hatte er dort, ohne übermäßig viel graben zu müssen, ein Viereck eingelassen, in das er ein Molch-Aquarium platziert hatte, das er Aqua-Terrarium nannte. Daneben hatte er versucht, Alpen- und Feuersalamander zu züchten. Jetzt, wo deutsche Truppen den Balkan besetzt halten, schicken die Soldaten Landschildkröten an ihre Lieben daheim, die mit solchen langweiligen Viechern nichts anfangen können – Roberto nimmt sie alle auf und versucht sie zu verkaufen. So ergeht es auch anderen Reptilien und Amphibien, - außerdem auch, das sei mitgeteilt, Hunden und Katzen, für die man jetzt kein Geld mehr ausgeben möchte -, der Krieg ist halt auch Vater unschöner Dinge.

In einer ehemaligen Scheune hat Roberto eine Reihe Aquarien aufgestellt, in denen er „Fische vom Tegernsee“

hält, die nicht so empfindlich sind, wenn es keine Sauerstoffversorgung mehr gibt. Wenn sie sich nicht wohlfühlen, entlässt Roberto sie in den See. Hinter einer Glasscheibe dem Süden zu, wo die Sonne ordentlich durchscheint, hält er in flachen Terrarien die drei Giftschlangen der Alpen: Kreuzotter (*Vipera berus*), Aspisviper (*Vipera aspis*) und Sandotter (*Vipera ammodytes*). Er führte mir vor, wie eine Sandotter eine Hausmaus tötet und verschlingt. Um die lebende Maus ins Terrarium zu bekommen, hob er einfach mit bloßen Händen den Deckel an und ließ sie hineinplumpsen – keine Vorsichtsregel, nichts, und natürlich war auch keine Art von Serum vorhanden. Die Sandotter schnappte zwar sofort nach der Hand, war aber nicht schnell genug. So galt ihr Biss der Maus, die kurz aufquiekte und dann alle Viere von sich streckte. Wie üblich zog die Sandotter mit ihrer vorschießenden Zunge suchend durch den Käfig und fand auch ihre Mahlzeit. Sie brauchte eine Viertelstunde des Würgens und Schluckens, bis die Schwanzspitze der Maus nicht mehr zu sehen war.

Roberto führte mir anderntags seine Kolonie Sumpfschildkröten vor, die er in einer seichten Bucht des Sees angesiedelt hat.

„Ich kann sie nicht alle halten oder verkaufen, die man mir vor die Tür legt. Früher, vorm Krieg mit seinen Bezugsmarken, kam es den Leuten nicht darauf an, ihre Schildkröten mit einer Portion Leber, ein paar Stücken Schnitzel oder Resten von Koteletts zu füttern, heute ist sich jeder selbst der Nächste und Tiere werden kaltblütig entsorgt und mir hergebracht."

Obwohl die Schildkröten sich im See selbst versorgen können, kommen sie gern zu Robertos Bucht, um sich mit Brocken eingegangener Tiere füttern zu lassen.

„Unser Klima hier am See“, erklärte er, „ist viel zu rau und ruppig, als dass sie sich hier vermehren könnten. Aber zum Weiterleben reicht es.“

Ich mochte diesen Sonderling ganz gerne leiden, auch wenn er stank, als hätte er kleine Kadaver in Jacken- und Hosentaschen, doch ich besuchte ihn nicht oft. Er schien auch den örtlichen Nazigrößen verdächtig zu sein.

„Jedenfalls“, sagte er schmunzelnd, „hat der Führer nach mir fragen lassen, als er den Tegernseer Hof besuchte.“

* * * * * *

Meine Eidechsen in Bayern. Die Zeit vom August bis zum Herbst hatte mir gereicht festzustellen, dass die Südhänge einiger Hügel und Berge ideale Räume für beide hier vorkommenden Eidechsen-Arten waren: der anspruchslosen Berg- oder Waldeidechse und der mehr Wärme liebenden Zauneidechse. Ich beschloss mit meinen beiden interessierten Zimmergenossen, im nächsten Frühjahr ein großes Terrarium zu bauen, das auf dem überdachten Balkon vor unserem Zimmer Platz und Sonnenbestrahlung finden würde. Dieses Terrarium, aus vorhandenen oder erbettelten Requisiten, Hölzern, Fliegendraht und Nägeln zusammengezimmert, war dann zwei Meter lang und einen Meter breit – so etwas gab es nicht zu kaufen. Um das Terrarium auf dem Balkon hin- und herfahren zu können, je nach Sonnenstand, richteten wir einen alten Bollerwagen, der herrenlos an der Straße stand, so wieder her, dass er das Terrarium tragen und es somit bewegt werden konnte. Vorher jedoch erfuhren und erlebten wir, dass die so genannte Natur oder Evolution auch wie wir Menschen ihre

Fehler machen konnte; so jedenfalls formulierte es Biologielehrerin Änne Nüssen!

Folgendes passierte Mitte Februar 1944. Bei eigentlichem Frost und Winterwetter mit klarem Himmel war die Sonne zwischen 10 und 15 Uhr so stark, dass sie an aperen Südhängen am nahen Stadtrand „sommerliche Verhältnisse“ schuf: Alle Zauneidechsen hatten ihre unterirdischen Verstecke verlassen und sonnten sich auf der erwärmten Erde, auf Steinen, Sandflächen und trockenen Ästen umgestürzter Bäume.

„Bald wird die Wintersonne weitergewandert sein“, sagte Änne Nüssen, die aufs Gymnasium gewechselt war, „dann fängt es augenblicklich an zu frieren, die Eidechsen sind nicht in der Lage zu reagieren und werden erfrieren – schade um die ganze Kolonie.“

„Dann sammeln wir sie doch vorher ein“, schlug ich vor und begann selbst damit. Innerhalb einer halben Stunde hatten wir zweihundert eingesammelt, die sich schon ganz kalt anfühlten und kaum bewegten. Wir brachten sie in den winterfesten Keller in einem Karton unter, der mit Holzwolle, echter Wolle und Herbstlaub ausstaffiert wurde. Im April oder Mai würden hoffentlich alle überlebt haben, fünf Männchen und zehn Weibchen durften das neue Terrarium im April beziehen und dort ein gefahrloses Dasein führen – ich werde darüber noch berichten.

Wir hatten 1944, weil die Wehrmacht den Adelhof als Wehrmachtsheim für sich reklamierte, ins Haus Fackler umziehen müssen, das etwas erhöht über der Stadt lag – meine Zauneidechsen durften mitkommen. Sie eroberten alle Herzen der Besucher und Zuschauer: Bürgermeister, örtliche Lehrer, Ortsgruppenleiter, Kindergärtnerinnen,

Krankenschwestern und Redakteure. Das neue Terrarium bestand aus einem der Natur abgesehenen Biotop aus einer Sandfläche, einem tellergroßen Teich, Flächen Heidekraut, Kieselsteinen, Baumrinde mit Binsengras und vielen individuellen Verstecken und Schlupfwinkeln. Die Tiere dankten mir mit Zutraulichkeit, gutem Appetit, Hochzeiten, Eierlegen und Nachkommenschaft. Futter gab es nur aus der freien Natur: Grashüpfer, Grillen, Käfer, Raupen und fette Bremsen und Stechfliegen, die niemand von uns mehr wie üblich totschlug, sondern lebend zu fangen und ins Terrarium freizulassen suchte.

Was vielen Terrarianern internationalen Ranges bisher nicht gelungen war, nämlich Wildfänge in Gefangenschaft zur Vermehrung zu bringen, gelang mir 1944. Aber als ich sah, wie Männchen der Eidechsen zu Kannibalen wurden und ihre eigenen Kinder verputzten, da fing ich die Kleinen heraus und gab sie in Freiheit. Sie sind ungewöhnlich zarte und gefährdete Wesen, aber vom ersten Tag an auf sich allein gestellte Räuber.

Mitte September 1944 wurde Tegernsee komplett zur Lazarettstadt erklärt und wir wurden nach Lenggries an der Isar verlegt. Da wurde A. Hs. Reich von allen fünf Richtungen, - Nord, Süd, West, Ost und oben - attackiert und schrumpfte zusammen wie eine vertrocknete Kartoffel. Dieser Zustand brachte meinen Zauneidechsen die Freiheit. Mein Terrarium verwaiste, wurde abseits gestellt und wohl bald entrümpelt. Den Winter über war hier keinerlei Betätigung mit Reptilien und Amphibien möglich, wenn ich davon absah, mich um beim Bauen und Umbauen freigelegte Eidechsen und Kröten zu kümmern. Die allgemeine Stimmung wurde schlechter, nachdem im Radio bekannt gegeben wurde, dass unsere Heimatstadt von mehreren nächtlichen Luftangriffen der Engländer heimgesucht worden war. Doch alle Meldungen von zu Hause besagten, dass keine unserer Familien betroffen war. Wegen der Angriffe zogen meine Eltern mit Bruder Hermann nach Kattenvenne um, wo sie auf dem schon erwähnten Hof August Hilgemanns unterkamen.

Unser Direx, dienstlich nach wie vor, wenn auch schon unterschwellig ein notorischer Nazi, schwadronierte „Der Endsieg ist unabwendbar“, doch diese Aussage war zweideutig und hätte aus Delphi stammen können. Es bleibt über diesen Mann nur auszusagen, dass er Anfang Mai 1945 der erste unserer Lehrer war, der das Parteiabzeichen nicht mehr trug.

Nachkriegsjahre von 1945 bis 1954

Bis ich wieder von meinen Lieblingen berichten kann, werde ich mich so kurz wie möglich fassen. In zwei alte Wehrmachtsbusse aufgeteilt fuhren wir mit einer Übernachtung im Frankfurter Raum nach Hause. Über unsere Stimmung auf der Heimfahrt durch unversehrte und zerstörte Dörfer, am darniederliegenden Würzburg vorbei nach „Köln in Trümmern“ möchte ich mich hier nicht auslassen. Aber auf Tiere muss ich immer wieder zurückkommen. Was niemand der Mitreisenden beachtete: Ganze Gegenden lagen im tiefen Frieden, das Vieh stand auf den Weiden, Landwirte beackerten ihre Felder besonders fleißig mit ihren zweispännigen Pflügen und einspännigen Eggen und Sturzkarren. Unterwegs verriet man uns, dass alle Tiere nachts in die Ställe zurückgeführt werden müssten:

„Sie werden sonst geklaut und geschlachtet, denn viel wanderndes Volk ist unterwegs in seine Heimatländer und hat Schmacht zum Verrücktwerden."
Ein großer Landwirt in einem Dorf, dessen Namen ich vergessen habe, wurde am Abend des ersten Reisetages von den beiden uns begleitenden GIs aufgefordert, seinen Kuhstall für uns als Schlafraum herzurichten. Darüber erboste er sich so, - „diese verdammten Preußen!" -, dass er auf seine Kühe eindrosch, als müsste er sie statt uns totschlagen und die beiden Amerikaner ihm drohten, „stop, or we beat you through!" Dann befahlen sie dem Wüterich, der sich kaum beruhigen konnte, „you have to feed the boys!" Ja, dachten wir besorgt, so sind die Deutschen nun einmal! Des Bauern mehr menschlich veranlagte Ehefrau hatte inzwischen in einer ausrangierten, von der Wehrmacht stehengelassenen Gulaschkanone eine prachtvolle Erbsensuppe mit Würstchen angerichtet. Deren Genuss alle Beteiligten wie GIs, Änne Nüssen, Dr. Spahnke, einen armen Dörfler, die Bauernfamilie selbst und uns Schüler in eine so friedliche Laune versetzte, dass aller Groll vergessen wurde – Gute Nacht allerseits!

In Köln lösten Briten die Amerikaner ab und geleiteten uns bis zum frühen Nachmittag nach Hause auf den Hof des Gymnasiums. Keiner von uns hatte seine Familie benachrichtigen können, so mussten wir die Koffer in der Schule stehen lassen und heimgehen. Ich hatte noch in Lenggries über den Direx die Nachricht erhalten, dass unser Haus ausgebombt und meine Familie nach Kattenvenne verzogen sei. So eilte ich zum Bahnhof, von dessen überhöhtem Gelände man die ganze ausgebombte und verbrannte Innenstadt übersehen konnte. Ein Güterzug stand zur Abfahrt ostwärts parat, der Lokomotivführer beäugte mich, als sei ich sein verlorener Sohn, und mit der Überreichung eines Geldscheins konnte ich ihn bewegen, den Bahnhof Kattenvenne im Schleichtempo zu durchfahren.

„Wenne abspringst“, riet er, „nach hinten zu, nich gegen de Fahrtrichtung, isses klar, mein Junge?“
Das schaffte ich, ohne mir Hände abzuschürfen und Knie anzustoßen. Ich musste die zwei Kilometer vom Kattenvenner Bahnhof bis zum Bauernhof zu Fuß gehen, bis Mutter mich in die Arme schließen konnte.

Von nun an bis zum Wiederbeginn meines Lebens mit Reptilien und Amphibien werde ich alles in einer Kurzform berichten, die eigentlich kein Schriftsteller pflegen sollte. Ich hatte Bayern vorläufig und das Gymnasium für immer verlassen. Als die Schulen der britischen Besatzungszone im Sommer 1945 wieder eröffnet wurden, ging ich einfach nicht wieder hin. So kam ich nie zu einem echten Schulabschluss, „wenigstens das Einjährige solltest zu machen“, riet die Familie. Erst nachher ging mir auf, dass ich mit dieser Schulbildung nicht einmal eine Försterausbildung machen konnte. Und nachdem auch 1948 meine Prüfung zum „Landwirtschaftlichen Gehilfen“, früher „Knecht“ genannt, nicht überdurchschnittlich ausfiel, war mir auch der Weg zur Höheren Landbauschule versperrt. Bis 1948 wohnte meine Familie, - Bruder Otto wurde in Russland vermisst, zwei weitere über mir kamen noch 1945 aus westalliierter Gefangenschaft zurück -, hier in Kattenvenne, dann zog sie in die Stadt zurück.

Vermisste ich etwas? Nein! Denn vom zweiten Tag meiner Rückkehr an lebte ich unter Tieren, ich wurde mit ihnen groß, sie wurden mit mir groß. Viele von ihnen gingen, wie auf einem Bauernhof üblich, den Weg allen Fleischlichens in Würste, Konservendosen, Einmachgläser und in die Räucherkammer. Einigen von ihnen habe ich ein literarisches Denkmal gesetzt, darauf werde ich noch zurückkommen.

(Was ich hier in ein paar Jahren mit den Hausmäusen anstellte, habe ich im bereits erwähnten Buch „Ein Mäusekrieg...“ dargestellt.). So dass ich im Folgenden literarisch auf alle Geschehnisse mit Mäusen verzichten werde. Ich musste auf Hilgemanns Hof scharf arbeiten, ohne Lohn, ohne Krankenversicherung, ohne Rentenversicherung – es passierte freilich nichts und ich war bei Vater noch mitversichert. Ich werde nun über einige Arbeiten berichten, wo auch Reptilien und Amphibien mit von der Partie waren. So zum Beispiel die schon erwähnten Arbeiten im Moor.

Wenn ich auch damals ein lobendes und mutiges Beispiel gegeben hatte, dass ich als Kind sozusagen Hunderte Kreuzottern vorm sicheren Tod bewahrte, so hatten sich die Ansichten starrköpfiger Landleute den Kreuzottern gegenüber nicht geändert. Sie waren schon von der Schöpfung her unangenehme Geschöpfe und vom Herrgott dazu ausersehen, den Menschen zu strafen. Solch einen Unsinn glaubte auch Hinnerk an der Heide, ein nicht erbender Bauernsohn, der sich zu allen möglichen Arbeiten verdingen musste. Ich hörte von ihm im Sommer 1946, als er tönte, die hundertste Otter im Moor mit dem Spaten geviertelt zu haben. Fitten Hilgemann, mein Arbeitgeber, warnte mich, diesen Vorfall der Ortspolizei zu melden.

„Dann machst du dich hier so unbeliebt, dass ich dich nicht halten kann und du verschwinden müsstest. Schluck es wie vieles, dass jetzt geschluckt werden muss – es kommen auch wieder normale Zeiten.“

Das geschah schneller als gedacht und brachte mich sogar in Verdacht.

Kreuzotter Nummer 101 schien mit der Hundertsten verwandt zu sein und übernahm „die Vendetta“, eine Art von Blutrache an Hinnerk. Nach getaner harter Vormittagsarbeit im Katzenmoor haute sich Hinnerk auf ein paar weiche Grasbülte, leerte seinen Henkelmann völlig und seinen Flachmann nur halb, bis er hintenüber in Morpheus Arme sank. Dieser altgriechische Gott, inzwischen im Ruhestand lebend, fühlte sich nicht mehr zur Bewachung Schlafender zuständig. So wie Hinnerk zu Hause im Schlaf ein Wutkopf sein konnte, - es hieß, dass er deswegen nie eine Ehefrau haben könne -, so schlug er auch im Traum mit den Armen um sich und traf diesmal den Falschen oder die Falsche: Sein linker Arm, Hinnerk schlief auf dem Rücken, klatsche auf eine Kreuzotter, die sich nur friedlich vorbei schlängeln wollte. Sie biss in Hinnerks Armbeuge und hatte wohl Mühe, dann freizukommen und im Moor zu verschwinden.

Hinnerk erwachte nach der ihm zustehenden Pause von zwei Stunden und fühlte sich hundeelend. Er besah seinen Arm mit den zwei typischen Einstichstellen, diagnostizierte sie als Bremsenstiche, trank den Flachmann leer und schüttete den letzten Rest Alkohol auf die genannte Stelle. Danach stieg seine Stimmung im Nu von hundeelend auf sauwohl, aber weil ihm die Rot- und Blaufärbung des Arms missfiel, beschloss er, Arbeit Arbeit sein zu lassen und wanderte nach Hause.

Ich bedichtete später den Vorfall mit „erreichte sein Haus mit Müh‘ und Not und wurde beinah richtig tot“. Erst am anderen Morgen, als Hinnerk nicht zum rituellen Pferdestriegeln erschien und auch seinen Becher warme Kuhmilch nicht trank, sah man nach ihm. Er lag rücklings im Bett und war bewusstlos. Man beratschlagte, ob ein Arzt notwendig sei und meinte dann, dass Hinnerk sich gesundschlafen würde – wäre eine Kuh in dieser Lage gewesen, hätte man ohne mit der Wimper zu zucken den Veterinär geholt. Er, dieser unverwüstliche Hinnerk, schaffte es, schlug dem Tod ein Schnippchen, hatte sonst noch den Vorteil, sein permanentes Rheuma für drei Jahre los zu sein und den Nachteil, seine Linke, die seine Boxlinke war, für immer schonen zu müssen.

* * * * * *

Da war Terrier-Mischling Nelly, Hofwächter von Beruf, aus anderem Holz geschnitzt. Ich nahm ihn auf dieser Fahrradtour mit ins Moor, vielmehr ich begleitete ihn. Er musste immer vorauslaufen und schaute sich alle zehn Meter um, ob ich auch nachkäme. Ich wollte, es war ein Sonntag, im Moor eine Schlangenzählung machen und hörte plötzlich Nellys hartes Gebell. Wenn er so Laut gab, (ein Jägerausdruck das!), war etwas los! Tatsächlich, Nelly bellte und tanzte gleichzeitig und verstellte damit einer schwarzen Kreuzotter den Fluchtweg. Als ich heran war, ging er in die Offensive. Weil ich gelesen hatte, dass Hunde gegen Giftbisse der meisten Schlangen unempfindlich seien, ließ ich ihn gewähren – es wird ein unentschiedener Kampf werden, dachte ich. Falsch gedacht: Nelly unterschätzte zwar die Reichweite des Vorstoßes einer heimischen Schlange beim Giftbiss und kassierte einen Biss in sein Hinterteil, gleichzeitig aber war dies der letzte Biss

der Otter: Nelly nahm sie mittig ins Maul und schüttelte sie so lange, bis sie tot war.
Nun war's an mir, zu warten. Wenn der Körper eines Menschen schon nach wenigen Minuten auf ein solches Ereignis gefahrvoll reagierte, musste ein kleiner Hundekörper in Minuten erstarren und gelähmt sein, diese Lähmung der Atemwege und des Blutkreislaufs müsste Nellys Tod sein, ehe ich ihn zum Tierarzt würde schaffen können. Doch Nelly schaute mich herausfordernd an und war bereit zu weiteren Abenteuern. Ab und zu blieb er stehen und versuchte die Bisswunde mit der Zunge zu erreichen. Ich sah und fühlte nach, aber es war nur eine kleine Schwellung entstanden, die nicht einmal Schmerzen verursachte.

Die nächste Kreuzotter sah ich, als ich, - wie dereinst mit Großvater -, an einem Fuchsbau beobachtend saß und eine Fuchsmama ihren vier Kindern etwas mitbrachte: eine noch zappelnde Kreuzotter. Ich brauche nicht zu erzählen, wie die Fuchskinder sie behandelten, es war genauso wie bei den Dachskindern der Lüneburger Heide.
Etwas Neues führte ich in meiner Landwirtschaftszeit ein, worüber allgemeines Schmunzeln entstand: die Behandlung von Zeckenbefall bei den Waldeidechsen! Wenn ich eine einfing, die im Gelenk aller ihrer vier Beine je zwei bereits halbvoll gesaugte Zecken stecken hatte, kamen zwei meiner originellen Behandlungsmethoden zur Anwendung. Schien die Sonne, kramte ich meine runde Briefmarkenlupe aus der Tasche, benutzte sie als Brennglas und verschmorte damit den Hinterleib einer Zecke, bis er kochte und dampfte. Sie ließ zwar nicht augenblicklich los, weil das keine Zecke kann, fiel aber nach einer Weile tot ab. Schien die Sonne nicht, stach ich den prallen Hinterleib

der Zecke an oder schnitt ihn mit einer kleinen Nagelschere ab – der Rest war natürliche Heilung von kleinen Wunden.

* * * * * *

Ich kann die Schilderung meiner Kattenvenner Bauernzeit nicht beenden, ohne nachfolgende Ereignisse bekanntzugeben.

Die Wasserfrösche von Kattenvenne. Nirgendwo habe ich so viele Vertreter *Rana esculenta* „auf einem Haufen" gesehen wie hier. Es gab keine Störche und Graureiher, welche wahre Frosch-Genießer sind, und diese waren überall so scheu, dass sie vor Menschen, auch arbeitenden Landwirten, auf 500 Meter flüchteten. Ich erwischte besagten Nelly dabei, wie er die Anzahl der abends bis nachts quakenden grünen Gesellen zu vermindern suchte: Wenn er einen mit spitzen Zähnen gefangen hatte, schüttelte er ihn so lange, bis Teile, meist die Beine, sich vom Körper lösten und davon flogen. Solche tierische Barbarei konnte ich nicht dulden: Es brauchte eine regelrechte Ausbildung, bis Nelly begriff, dass er diese Tiere weder jagen noch töten durfte. Ob er es in meiner Abwesenheit dennoch tat, habe ich nicht feststellen können.

Anders verhielt es sich mit jenen Fröschen, die sich im und um Hilgemanns Großen Teich angesiedelt hatten. Der lag inmitten einer Wiese, welche bis zum ersten Schnitt als Heuwiese stehengelassen und nach der Heugewinnung als Weide für Rinder und Pferde genutzt wurde. Damals gab es weit und breit keinen Traktor oder Trecker, erst nach meiner Zeit verdrängten diese Pferde und Pferdeführer wie mich. Zwei Pferde zogen eine Mähmaschine, deren Messer rechts auslag und über ein Getriebe so betätigt wurde, dass dieses sozusagen unters hohe Gras fuhr und es bodennah abschnitt. Derart fuhr das Gespann so lange auf der Wiese auf und ab und manchmal auch rundum, bis alles Gras gemäht war.

Wasserfrösche, ich erwähnte es bereits, steigen gern an Land, und wenn dieses Land wie bei einer Mähwiese wochenlang ruhig dalag, wanderten die Frösche auch hundert und mehr Meter landeinwärts. So war die Lage, als ich, davon wenig wissend, mit dem Mähen begann. Es war Mitte Juni, das Gras war frischgrün und würde jenes Heu ergeben, das von braven Kühen in beste Milch verwandelt wird. (Noch heute, muss ich zwischendurch erklären, morden Mähmaschinen mit ihrer hohen Geschwindigkeit und Reichweite jedes Jahr Abertausende Rehkitze, Rebhühner, Fasane und Amphibien bei dieser Arbeit dahin).

Als ich mich mit der Maschine rundum fahrend dem Gartenteich näherte, begannen erst einige, dann zehn, schließlich Hunderte bis tausend der grünen Gesellen in Richtung Teich zu flüchten. Ich machte eine Arbeitspause, scheinbar um sie den Pferden zu gönnen, aber in Wirklichkeit um die Frösche wie ein Storch zu jagen und in den Teich zu treiben. Das erfuhr Bauer Fitten Hilgemann und ließ ein vokales Donnerwetter auf mich niederprasseln, dass die beiden Pferde, Kastor und Pollux genannt, hinten auszukeilen begannen. Trotz seiner Wut und Empörung folgerte Fitten richtig:

„Du wirst nie ein richtiger Landwirt, wenn du Humanität und Tierliebe vor Verdienst und Einkommen stellst – das passt nicht zusammen, mein Lieber!“

Ja, er war aber doch ein netterer Kerl, als diese Behauptungen vermuten lassen...

Abschied von der Landwirtschaft

Meinen Abschied aus der Landwirtschaft läutete ich ein, vorerst unbewusst, als ich mir von Photo-Porst im Jahr 1952 die erste „wirkliche“ Kamera kommen ließ; eine Agfa Isolette V Klappkamera 6x6. Damals musste die Bevölkerung sich die neuen Bundespersonalausweise beschaffen, weit und breit war in Obermehnen am Wiehengebirge kein Fotograf zu finden, beziehungsweise hatten die Leute weder Zeit noch Lust, nach Lübbecke oder Preußisch-Oldendorf zu fahren oder zu gehen. Nachdem ich meine ersten Probe- und Portraitbilder an Kühen und Pferden gemacht hatte, welche ein Bauer in seinen Ställen aufzuhängen gedachte, wagte ich mich an Passbilder. Weil ich für jedes Bild 1,50 DM verlangen und kriegen konnte, hatte sich in zwei Wochen meine Kamera bereits bezahlt gemacht. So ging es weiter: Nach den Passbildern waren wieder Kühe, Pferde, Hunde, Katzen, Kinder, Häuser und Hochzeiten an der Reihe. Dies alles machte ich nebenher und weil es zu umständlich war, Filme und Bilder bei weit entfernten Fotohändlern entwickeln zu lassen, funktionierte ich mein karges Wohn- und Schlafzimmer zeitweise in ein Fotolabor um.

Monate vorher hatte mich der Berater der Landwirtschaftskammer „rumzukriegen“ versucht, die Prüfung nachzuholen, mit einer Zwei oder Eins abzuschließen und so die Möglichkeit zu eröffnen, die Höhere Landbauschule besuchen zu können. (In zwei Wintersemestern hatte ich bereits die „normale“ Landwirtschaftsschule in der Heimatstadt besucht.) Doch als ich nach der Agfa-Kamera, die natürlich höheren Ansprüchen nicht genügte, bei Foto-Georg in Preußisch-Oldendorf die DDR-Spiegelreflex-Kamera Exakta-Varex gekauft hatte, war ich entschlossen, das Steuer des Lebens herumzureißen und in der Stadt, vorerst zu Hause wohnend, einen fotografischen Beruf zu ergreifen. Er gestaltete sich bis zur Rente sehr unterschiedlich, aber ich werde mich über diese Zeit nur zum herpetologisch-fotografischen Thema dieses Buches auslassen.

* * * * * *

Jede Spiegelreflexkamera, - auch Laien wissen das -, bietet die Möglichkeit, Objektive nach Bedarf wechseln zu können – von der Nah- bis zur Fernaufnahme. Bald besaß ich ein Nahobjektiv, das nur in Verbindung mit einem Balgengerät gebraucht werden konnte, und ein Schneider-Objektiv von 360mm Brennweite. Damit bewaffnet machte ich mich in der Freizeit des neuen Berufes per Fahrrad „auf die Socken“, um Tiere in der Umgebung der Stadt zu fotografieren. Weil Kleinbild (KB) in der semiprofessionellen Fotografie und in der aufkommenden Farbfotografie nicht ausreichte, erwarb ich 1955 als erster Bewohner meiner Stadt die absolut beste schwedische Spitzenkamera Hasselblad 1000F, bei welcher man Objektiv, Sucher und Filmmagazin wechseln konnte. Sie kostete in der Grundausstattung etwa 2.000 DM. Da waren erste Honorare, auch aus England, für Schwarzweiß-Tierfotos schon hereingekommen. Ein Zeitungsreporter sah mich als attraktiv genug für einen Artikel an und titelte verwegen: „Er verließ Haus und Hof, um sich der Fotografie zu widmen!“

Eine Lebensbilanz bis 1954! Was haben die vergangenen 24 Jahre mir gebracht? Meine Schulkameraden waren gewiss schon meistenteils in angesehenen lukrativen Berufen oder studierten noch lukrativere. Ich hatte bisher noch nicht einmal eine Grundlage geschaffen: Meine Tier- und Naturkenntnisse bildeten wohl eine echte Grundlage zur Tierfotografie, wenn diese ein Beruf werden soll. Aber ich war rechtzeitig gewarnt worden und hatte Rechnerei betrieben.

„Mit freier Naturfotografie kannste nich genug verdienen“ war der Hauptsatz aller Argumente.

Aber aus- und hergerechnet hatte nur ich: Lebenshaltungskosten, Kosten der Vorsorge wie Kranken-, Lebens- und Rentenversicherungen, etwas auf die hohe Kante legen, ein Auto, weitere teure Kameras nebst Zubehör, Reisen nach Afrika und zu anderen ergiebigen Fotozielen, Miete oder Eigenheim, Gründung einer Familie, Steuern und sonstige Abgaben. Ich verrate hier nicht, auf welche fünfstellige DM-Zahl ich monatlich gekommen bin! Sie war unerreichbar. So sollte alles kommende Fotografieren ein nettes, erholsames und befriedigendes Hobby bleiben.

Inzwischen hatte im Zoo, den ich natürlich aufsuchte, der Direktor gewechselt und war durch Ludwig Zukowsky aus Leipzig als „Inspektor“ ersetzt worden. Sehr förderlich war, dass ich ihn von seinen vielen Büchern und Zigarettenalben her zu kennen glaubte, er aber meinen Namen und meine Tätigkeit vom Vorgänger her kannte. Das wurde ein „Wiedersehen“ in großer Freude und Kollegialität. Er hat mir viele Tipps gegeben, mir manches Tier, das sonst nicht zu erreichen war, zum Fotografieren geliehen und auch ich lieh ihm manches Bild aus, das er für seine Aufsätze und Reportagen nutzen konnte.

Aller Anfang macht Spaß

Grundlage jeder erfolgreichen Tierfotografie ist die fundamentale Kenntnis eben dieser Tiere – da konnte ich in der Praxis in Bezug zu manchem studierten Profi mithalten. Was ich so nicht für möglich gehalten hatte, trat aber ein: Ich war beinahe mehr mit Tieren zusammen als mit Menschen! Kaum hatte ich angefangen, in der Lokalpresse Bilder zu veröffentlichen, - einspaltige für 3,50 DM, größere für 10 bis 15 DM -, als nette Mitbürger mir Tipps und Hinweise gaben oder baten, ihre vier- bis zweibeinigen gefiederten und bepelzten Lieblinge farbig zu fotografieren. Ich blättere in meinen Aufzeichnungen und suche im Archiv nach.

Erstens: Ein altgedienter Terrarianer wollte seinen Nilwaran Ramses (*Varanus niloticus*) fotografiert haben. An solchen Aufnahmen, die ich ja doch nie „an Ort und Stelle" würde machen können, war ich sehr interessiert, so dass ich sogar bereit war, dem Besitzer ein Dutzend farbige Bilder im Format 13x18 kostenlos zu liefern. So gingen wir an einem sonnigen Nachmittag zu einer Sandkuhle in den Bockholter Bergen, die ich meiner Leserschaft schon vorgestellt habe und der man nicht ansah, dass sie nicht in Afrika lag. Ramses galt als handzahm, aber das bezog sich wohl nur auf sein Zuhause, in dem er seinem Herrn weiße Mäuse aus der Hand wegaß. Er war schon einen Meter lang und hatte ein Gebiss vorzuweisen, das ziemlich grausame Wunden reißen konnte. Sein Herrchen nahm ihn behutsam hoch und setzte ihn in den warmen gelben Sand. Kaum merkte Ramses, dass ihn diesmal die echte Sonne, keine

Infrarotlampe, beschien, als er sich genüsslich ausbreitete und seinen Körper flach machte, um möglichst viele Strahlen einzufangen. Da gelangen mir Aufnahmen, die man durchaus als „echt“ bezeichnen konnte.

„Wie schnell kann der laufen?“, fragte ich den Besitzer.

„Och“, war die Antwort, „der kann nur kriechen, ist ‚ne lahme Ente, die nur watscheln und kaum gehen kann.“

Doch Ramses, der nach fünf Minuten auf seine Betriebstemperatur gekommen war, wusste es besser. Er wurde aufmerksam, musterte Herrchen und mich giftig fauchend, - wobei die besten Aufnahmen entstanden -, auch wohl die Umgebung nach Schlupflöchern und sperrte seinen Rachen auf, als ich mich mit der Kamera auf 2 zu 1-Entfernung näherte. Ein Kameraklick, und er setzte zu einer raumfüllenden Flucht an. Ich war schneller und kesselte ihn von vorne ein, und als er ausweichen wollte, warf ich meine Jacke über ihn. Herrchen persönlich warf sich auf ihn und drückte ihn zu Boden. Alles war unter dem Gelächter von Zuschauern geschehen. Damit endete Ramses’ Ausflug in die Freiheit.

Der zweite Fotokandidat war nicht flink genug, seinem Besitzer und mir ein Schnippchen zu schlagen. Er besaß keine Beine und schlängelte sich gerne um Bäume und Beine anderer Leute: Boa constrictor „Winnetou“ in der Größe, wie ich sie vorm Krieg im Zoo gesehen hatte. Wir fuhren wieder in die genannte Gegend, weil dort viele Altbäume mit gebrochenen und attraktiv aussehenden Ästen standen. Winnetou war die Ruhe selbst, bereits zwei Meter lang und erfahren im Umgang mit Menschen. Sein Herrchen hängte ihn auf einen Ast, so dass er frei überm Boden schwebte und keine Fisimatenten machen konnte.

„Winnetou ist nicht bissig“, versicherte Herrchen und trat näher.

Aber Winnetou war heute bissig und ich war froh, wegen des mittleren Teleobjektivs nicht nah an ihn herangetreten zu sein. Herrchen löste das breite Maul von seiner Joppe, und so konnte ich die gewünschten Aufnahmen machen. Als Ramses wieder in seine Kiste gesteckt werden sollte, biss er noch einmal zu, erwischte aber nur die Joppe noch einmal. Für mich waren solche Einsätze eine Lehre, den Worten von Tierhaltern nicht zu trauen.

Als ein altgedienter Terrarianer mich bat, seinen „Perli“ in freier Wildbahn zu fotografieren, wollte ich natürlich erst wissen, wessen Geistes Kind dieser Perli denn sei.

„Ach, das ist eine Perleidechse, total vergreist, die ich aus Teneriffa rüber geschmuggelt habe.“

Perleidechsen, (*Lacerta lepida*), sind eine vergrößerte Ausgabe der Smaragdeidechsen und haben diesen voraus, im Fall einer Verteidigung derbe zubeißen zu können. Da entstehen dem Fänger Wunden, die verarztet werden müssen, aber von den Krankenkassen nicht bezahlt werden. Ich war misstrauisch, wie man ein solch flinkes Tier unter Kontrolle halten wollte. So gingen wir bei gutem Licht in den Botanischen Garten des Schlossgartens, weil es dort Biotope mit Steinen und Mauerresten gibt. Halter Werner Roggenkemper hatte seinen „Perli“ in einem durchlöcherten Alukoffer mit Eiswürfeln unterkühlt und setzte ihn nun auf einen hübsch natürlich aussehenden Felsbrocken, der stellenweise mit Bergblumen und Steingewächsen besetzt war. Ich wusste, dass ich mich beeilen musste, weil Perli gewiss, ein wenig aufgewärmt, einen Fluchtversuch machen würde. Klick, klick. klick - die motorische Hasselblad hatte einen Film vollgemacht und ich musste das Magazin wechseln, da preschte Perli los, auf den zuschauenden Gärtner und verschwand von unten her in einem Hosenbein. Sofort preschte ich nach und hielt dem Mann, der noch ganz konsterniert dastand, überm Knie die Hose zu.

„Stellen Sie sich vor“, sagte ich lachend, „der Bursche wäre bis oben gekommen!“

Hämisches Gelächter weiblicher Zuschauer…

* * * * * *

Wenn ich auf den folgenden Seiten berichte, was ich alles so mit Tieren „auf unblutiger Jagd“ angestellt habe, bitte ich zu berücksichtigen, dass ich alle Aufnahmen „nebenher“ in Freizeit, samstags, an Feiertagen und in Urlaubstagen gemacht habe. Denn mein Beruf in den nächsten zehn Jahren war so angelegt, dass ich montags bis freitags von 8 Uhr bis 17 Uhr Dienst hatte und im Sommer, wenn die Kundschaft besonders viele Aufnahmen machte, auch Überstunden bis 20 Uhr und Samstage einschieben musste.
Nachdem ich mir 1961 den ersten Käfer angeschafft hatte, - siehe Rückseitenfoto -, entfiel das besonders im Winter mühsame Radfahren. Die Kameraausrüstung wog inzwischen fünfzig Pfund und bestand aus zwei Hasselblads 500C und 500ELM, fünf Objektiven von 80, 135, 250, 350 und 500mm, vier Filmmagazinen, Blitzlicht, 50 Rollfilmen und anderem Kleinzeug.

In den Jahren 1965 bis 1975 hielt ich zu Hause einige Tiere, über die ich hier berichten möchte. Nach wie vor rangierte Tierliebe vor Tierfotografie, weil ich gar nicht Profi werden wollte; meine Frau machte oft mit. Wieder soll eine

Aufzählung unserer zeitweiligen Hausgenossen folgen, die uns viel Unterhaltung und Kurzweil, - dem mehr und mehr aufkommenden Fernsehen weit überlegen -, bereitet haben – aber auch Kummer und Gefahren.

Zum Beispiel erstens *Vipera berus,* die Kreuzotter, hier schon oft genannt und doch noch nicht in freier Natur fotografiert. Weil es, wie ich feststellen konnte, kaum gute Portraits von Kreuzottern gibt und ich meine Vorliebe für Reptilien behalten hatte, fuhr ich ins Venner Moor. Wo sie noch vorkommen sollten. Sonst ist sie hier großflächig mit der Kultivierung der Moore ausgestorben. Noch Alfred Brehm berichtet in seinen Schilderungen über Winterquartiere dieser Giftschlangen, die mit hundert bis zweihundert Exemplaren besetzt waren.

Ich ging behutsam vor und wusste, dass Kreuzottern lieber flüchten als sich mit Menschen einzulassen. Da lag schon die erste auf einem Grasbült und sonnte sich. Reptilien wie sie sind wechselwarme Tiere, die ihre Körpertemperatur nicht selbst einstellen können. Ich duckte mich wieder in Kriechhaltung und schob die Hasselblad mit Balgengerät und 135er langsam an sie heran. Diese Kameraausrüstung ist dreißig Zentimeter lang, die Hände sind immer hinten, - von der Kreuzotter her gesehen -, und sie würde also, wütend geworden, nur ins Objektiv beißen können. Die Gegenlichtblende war zwanzig Zentimeter von ihrem nun doch erhobenen Kopf entfernt, und so entstanden formatfüllende Portraitstudien.

Es wäre alles gutgegangen, wenn ich beim Stellungswechsel besser aufgepasst hätte. Ich wollte die Kreuzotter ins Gegenlicht rücken und begann, mich abstützend, mit ihrer Umrundung. Mein rechter Arm hob sich und wollte mich einen halben Meter weiter stützen – da landete er auf einer zweiten Kreuzotter. Diese biss sofort zu und verpasste mir ihr Gift in den Handrücken. Ein Schmerz wie das Erstochenwerden durchzuckte meinen Körper, lähmte mein Gehirn aber nicht, das nun höchste Gefahr signalisierte: Ab ins nächste Krankenhaus!

* * * * * *

Den nun folgenden Bericht habe ich hier in kursiv gesetzt, weil er damals viel abgedruckt, gelesen und diskutiert wurde. Kreuzotterbisse waren, ich habe das schon angedeutet, früher nichts Besonderes und erregten nur Aufsehen, wenn jemand am Biss starb oder eine hochstehende Persönlichkeit gebissen wurde. Erfahrene Ärzte an öffentlichen Krankenhäusern und jenen Kliniken der Universitäten kannten einen solchen Vorfall trotz jahrelanger Praxis gar nicht und hatten auch nicht fürs Serum gesorgt. Hier nun also mein Bericht, den nicht interessierte Leser in Ruhe überspringen können:

„Als ich Punkt 11 Uhr gebissen wurde, drangen mir uralte Vorstellungen und Verhaltensnormen, die angelesen waren, durch den Kopf: Wunde aussaugen, einen Kreuzschnitt machen, damit sie ausbluten kann, mit heiß gemachtem Eisen zubrennen und ähnliche Teufeleien. Alles dieses unterließ ich aber, zum einen aus Mangel an Courage, zum anderen wegen der fehlenden Werkzeuge wie scharfe Klinge und sauberes Verbandszeug – recht so, wie sich erweisen sollte.

Ich versuchte aber sofort, Blut aus dem Einstich herauszudrücken, aber an Fingern und Händen gibt's wenig Fleisch und es kam nur ein winziger Tropfen zum Vor-

schein. Der Ratschlag „Ruhe bewahren“ und weder Aufregung noch Panik aufkommen zu lassen, war mir aus der Literatur bekannt, und weil ich mich inmitten eines abgelegenen Moorgebietes befand, packte ich meine Sachen zusammen und machte mich auf den Weg zum Auto. Das waren zwanzig Minuten strammer Fußweg.

Als ich um 11 Uhr 15 aufbrach, begann ein lästiges Ziehen und Brennen in der Hand und diese ging nun im Handrücken auf wie ein Hefekuchen. Unterwegs traf ich einen Bekannten, der schnell ein paar Fotos der nun rasch schwellenden Hand machte. Und als ich weiterging, da war es 11 Uhr 30. Ich fühlte, dass mein Kreislauf vollkommen in Ordnung war, richtig stabil sogar, marschierte nun ohne Hilfe weiter zum Auto und erreichte dieses um 11 Uhr 45. Hier war die Entscheidung zu treffen: Selbst zum nächsten Krankenhaus oder auf den benachbarten Bauernhof fahren und dort per Telefon einen Krankenwagen ordern? Was ging schneller, war die Frage: Zehn bis fünfzehn Minuten Autofahrt zum Krankenhaus oder hier eine halbe Stunde und mehr auf den Krankenwagen warten, der dann ja auch noch zum Ziel fahren musste? Außerdem: In diesem Fall müsste ich mein Auto hier herrenlos zurück- und später abholen lassen. Ich fuhr also behutsam los und mühte mich, etwaige Fahrfehler sofort festzustellen.

12 Uhr 10 in der Chirurgischen Ambulanz des klösterlichen Krankenhauses: Großes Hallo und riesige Hektik, weil sich auch im Dienst ergraute Ärzte und Schwestern an einen solchen Fall nicht erinnern konnten. Aufgeregtes Telefonieren und Hin- und Herlaufen nach kompetenten Leuten – es gab keine! Inzwischen hatte man mich flachgelegt, betastete andächtig den bis halbwegs Ellenbogen geschwollenen Arm und maß natürlich auch den Blutdruck:

145 : 80. Pulsschlag und Temperatur waren normal, ich fühlte mich so, dass ich glaubte, nur vorübergehend hier Gast zu sein. Im Hintergrund hörte ich aufgeregte Telefonate. Dort machte sich, wie ich mithörte, ein Arzt bei der Deutschen Giftzentrale in Berlin schlau. Er stürzte dann herbei, um mich nach dem Hergang zu vernehmen, und entschied:

„Sie brauchen ein kreislaufstärkendes Mittel, damit Sie uns nicht zusammenklappen. Entlassen dürfen wir Sie nicht, weil niemand genau weiß, wie sich die Sache entwickeln wird. Einverstanden?"

„Nein", antwortete ich, „aber ich gehorche."

Ich spürte schon im Kopf, dass ich die Hoffnung aufgeben musste, nach ambulanter Behandlung nach Hause entlassen werden.

Gegen 12 Uhr 30 begann eine Schwester, den Arm mit einer Kühlmasse zu bestreichen, ihn zu schienen und zu verbinden. Auch kam der vorige Arzt zurück, unterband das Kühlen und berichtetet über seine Telefonate:

„Keine Gegenimpfung mit Serum, das sowieso nicht aufzutreiben ist, wenn für den Patienten keine akute Gefahr besteht, kein Abbinden, keinen Kreuzschnitt, Ruhigstellen des Armes, zwei bis vier Tage Bettruhe, intensive Beobachtung mit laufenden Messungen. - Es ist Mittagszeit, möchten Sie etwas essen?"

„Essen Sie sonst um diese Zeit?"

„Ja, regelmäßig, hab jetzt aber keinen Appetit."

„Nun, da sehen Sie, dass wir aufmerksam sein müssen. - Wollen Sie jemanden benachrichtigen?"

Er gab mir sein Telefon und ich beauftragte meine Frau, mir Sachen zum Anziehen und zur Hygiene zu bringen und ein paar ihrer hauchdünnen Speckpfannkuchen mit Zimt und Zucker, die es heute zu Hause gegeben hätte.

Um 14 Uhr war der erste Tropf leer und ich wurde in ein Krankenzimmer gefahren, das mit sechs Patienten überfüllt war. Als sie erfuhren, warum ich hier sei, brachen sie in Begeisterung aus – endlich mal was anderes als diese blöden Zipperlein!

„Mein Großvater", erzählte der Bettnachbar in tröstlichem Ton, „ist an Kreuzotterbissen gestorben."

„An mehreren Bissen?", fragte ich zurück.

„Ja, er fiel in eine Schlangengrube im Moor, wo über hundert Stück dieser Bestien den Winterschlaf gemacht hatten und nun aufzuwachen begannen. Sie fielen sozusagen über ihn her und er sah aus, als wenn Hornissen über ihn hergefallen seien. Er humpelte nach Hause, legte sich ins Bett, was niemand bemerkte und starb im Herrn. Warum lässt der Herr das zu bei einem Mann, der drei Kaisern gedient hat?"

Nun, das wusste ich natürlich auch nicht zu beantworten. Noch einmal bot man mir eine Extraportion Essen an, von der ich ein Zehntel aufaß. Den Rest nahm meine Frau mit, die inzwischen gekommen war und mir Garderobe, Waschsachen, Schlafanzug und etwas zum Lesen mitgebracht hatte. Im Nachhinein geurteilt, konnte ich nicht ahnen, dass sie Minuten später dem Witwentum nahe stand. Das kam so: Ich musste endlich einmal zur Toilette, die im dem Zimmerkomplex nicht zur Verfügung stand, sondern nur als Abzweig zum großen Flur der Etage. Dort, auf dem Rückweg schon, traf mich der Kollaps sozusagen aus heiterem Himmel. Ich krachte zu Boden, hörte noch den Ruf „Da ist einer umgekippt", dann wurde es Nacht für mich. Ich er-

wachte im Bett nach vielleicht drei Minuten, niemand hatte zur Uhr geblickt, im Schweiß schwimmend und umstanden von sechs bis acht Personen. Eine davon, wohl ein Unterarzt, hielt meine Beine so in die Luft, dass ich fast Kopf stand. Damit fiel mir das Blut wieder ins Gehirn und ließ mich topfit erscheinen. Ich hätte Bäume ausreißen können und verlangte nach Futter. Auch meine Frau kehrte in den Normalzustand und nach Hause zurück.
Die anschließende Ruhe war wohltuend. Wenn man liegt, kann man seine Kräfte ungewiss abschätzen. Um 18 Uhr 30 gab es Abendessen, ich zwang mich zum Appetit, weil Essen, so hieß es hier, halbe Heilung sei. Dann packte mich eine zweite Hitzewelle mit Schweißausbruch, die fünf Minuten anhielt und langsam abklang. Ein diesmal begleiteter Gang zur Toilette blieb ohne Folgen. Die Nacht verbrachte ich mit einer Schlaftablette, Durst und störenden Schnarchorgien der Zimmergenossen einigermaßen gut.

Der zweite Tag. Noch vorm Frühstück die Blutprobe und die letzte Hitzewelle. Der Appetit stellte sich ein, doch jedes Aufstehen bewies meine körperliche Schwäche. Am Nachmittag wurde in der Ambulanz der Verband abgenommen. Der Arm war bis in die Achselhöhle stramm und hart geschwollen und rötlichblau gefärbt, konnte aber bis aufs volle Durchbiegen normal bewegt werden. Die Schwellung hatte eindeutig vorm Brustkorb haltgemacht. Ein Telefonat mit der Giftzentrale brachte den Rat, nun zu kühlen und nicht mehr zu schienen. Die Blutprobe zeigte nun nur normale Werte.
Die nächsten Tage kann ich zusammenfassen. Ich war überm Berg und die Schwellung verdünnte sich ab dem dritten Abend stetig, an den Fingern beginnend nach oben

steigend. Dieser Vorgang wurde durch Kühlung und viermaliger Einnahme von Tolyprin-Tabletten unterstützt. Um mich zu testen, marschierte ich dann durchs Krankenhaus treppauf und treppab. So stand der Entlassung am fünften Tag nichts mehr im Weg. Die Haut lag noch stramm auf und der Arm konnte noch immer nicht ganz durchgebogen werden. Der Bissort hatte einen kleinen einem Mückenstich ähnlichen Pickel gebildet, der nach Monaten noch zu sehen war. Eine sechs Monate währende positive Nachwirkung stellte sich ein: Meine leichten rheumatischen Beschwerden waren wie vom Winde verweht."

* * * * * *

Ich hatte nach „erstens" meine Darstellungen unterbrochen. Nun müssen wir in „zweitens" fortfahren. Zum Beispiel soll Gorgo auftreten, ein Riesengürtelschweif (*Cordylos giganteus*) aus Südafrika. (Ich erinnere daran, dass ich solch ein Tier schon früher besessen, aber natürlich nicht fotografiert habe.) Wie damals üblich war er ein Wildfang und alles andere als zärtlich. Gorgo war vom Kopf zum Schwanz dreißig Zentimeter lang. Man hatte ihn mir als „zärtlichen Hausgenossen" verkauft und im Vertrauen darauf nahm ich ihn mit bloßen Händen aus seinem Transportkarton – schnapp, schnappten seine Kiefern wie eine Kneifzange zu und ließen erst los, als ich beide, Hand wie Gorgo, im Waschbecken untertauchte.

Sein funkelnagelneues Terrarium von einem Quadratmeter Größe mochte ihm mickrig vorkommen, verglichen mit seiner weiten heimatlichen Felsenlandschaft in Südafrika. Entsprechend war er eine Woche lang furchtbar aufgeregt, wenn sich eine Person der Frontscheibe des Terrariums

näherte, und er verweigerte auch die üblichen Wanderheuschrecken, die man als Futter kaufen konnte. In der Sonne, die das Terrarium von 12 Uhr bis 17 Uhr durchschien, machte er es sich dann doch gemütlich und breitete seinen über und über mit Stacheln besetzten Körper aus. Als ich ihm dann mit der Pinzette von oben her einen dünnen Filetstreifen vorm Maul baumeln ließ, schnappte er wie eine hungrige Schnappschildkröte zu und verschlang die Gabe. So war es an der Zeit, lebendes Futter zu besorgen. Das Große Grüne Heupferd (*Tettigonia viridissima*) gab es damals noch in solchen Mengen, dass jeder Schrebergartengärtner froh war, wenn jemand kam, sie ihm wegzufangen. Mit zwanzig Stück in der Botanisiertrommel ging ich heim und servierte sie Gorgo am warmen Abend – noch nie vorher oder nachher habe ich ein solches Gemetzel gesehen! Und ob man es glaubt oder nicht: Die zwanzig Beutetiere waren in drei Minuten ratzeputz aufgegessen!
Sie hatten die Nebenwirkung, ein Band der Freundschaft zwischen Gorgo und mir zu knüpfen und stabil zu halten. Ich durfte ihn hoch- und mit in den Garten nehmen, damit er die Sonne ungefiltert genießen konnte. Unter meiner Aufsicht durchstreifte er den Steingarten, nahm mit der Zunge Ameisen auf und scharrte nach Ungewissem im Boden. Nie machte er einen Fluchtversuch, wäre aber, ganz klar und selbstverständlich, sofort auf Nimmerwiedersehen in Nachbars Garten oder Ackerland untergetaucht. Er lebte in unserem Wohnzimmer auf der Sonnenseite noch im Oktober, bis ich ihn, - nach vielen Fotos -, einem Interessenten überließ.

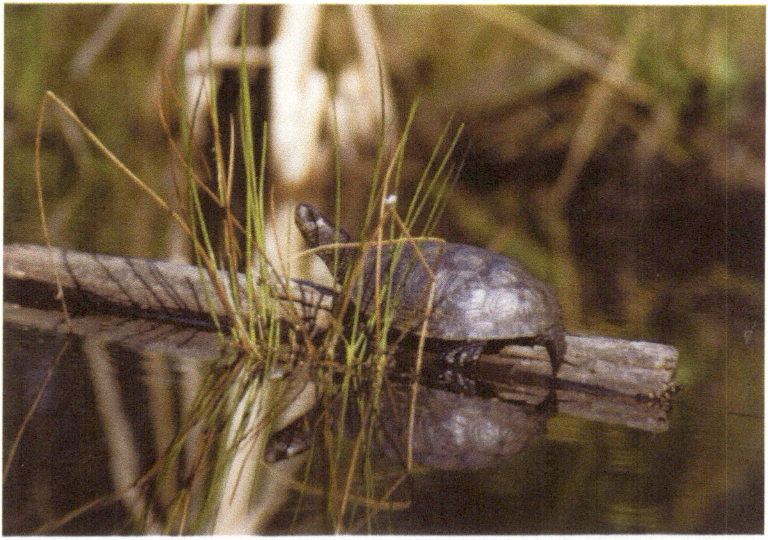

Sumpfschildkröte Teichmolch

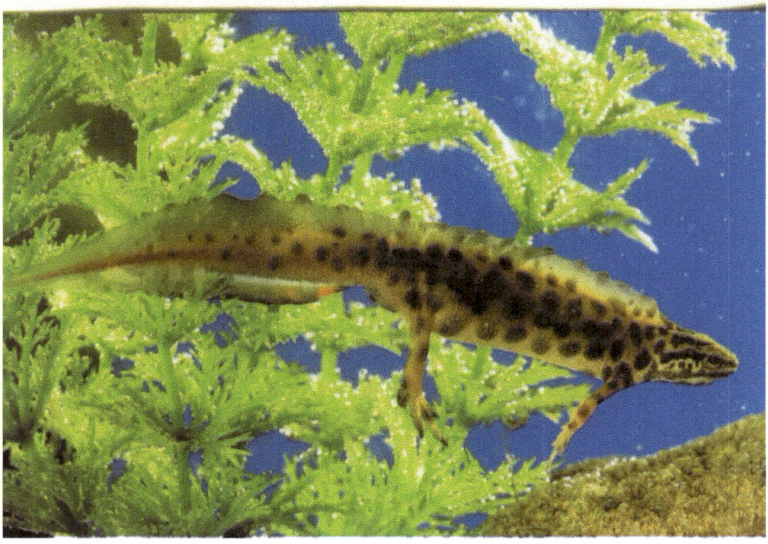

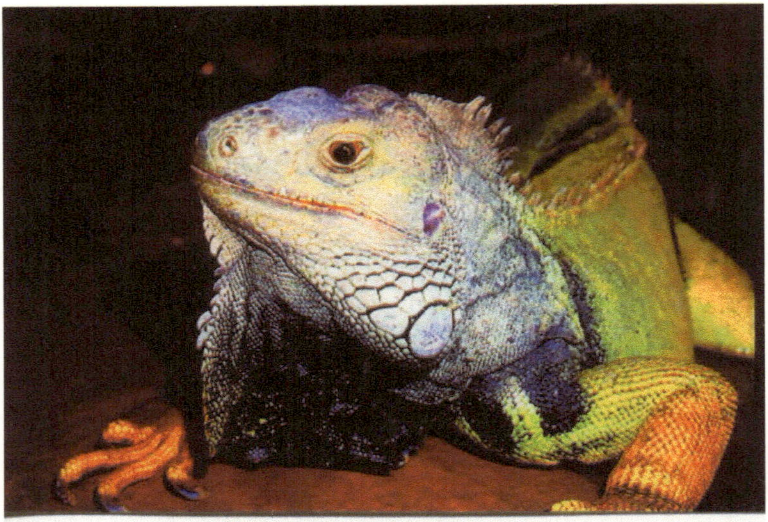

Grüner Leguan

Warzenchamäleon

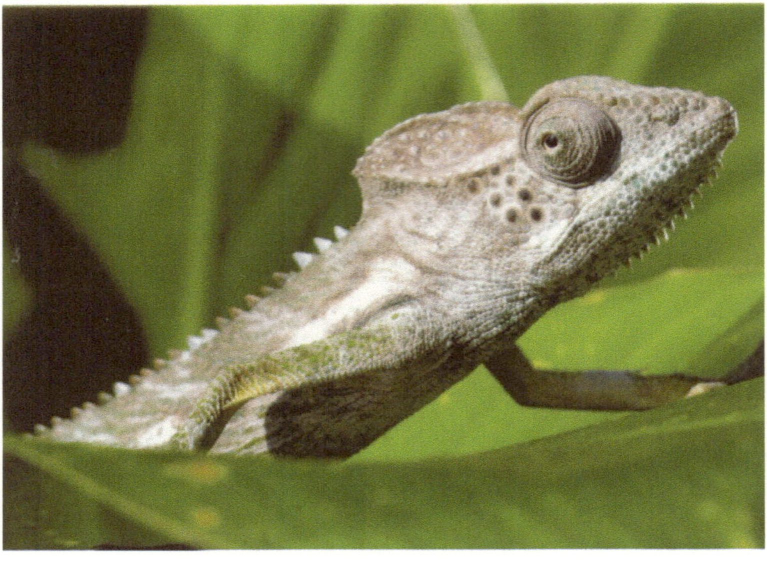

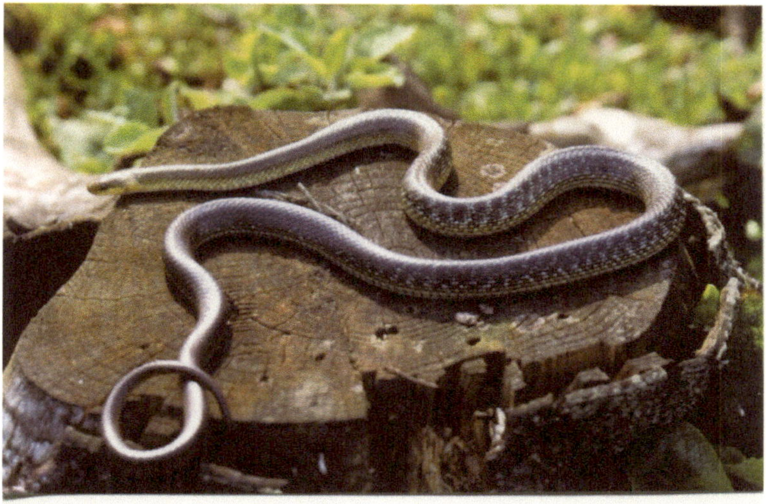

Äskulapnatter, Bartagame

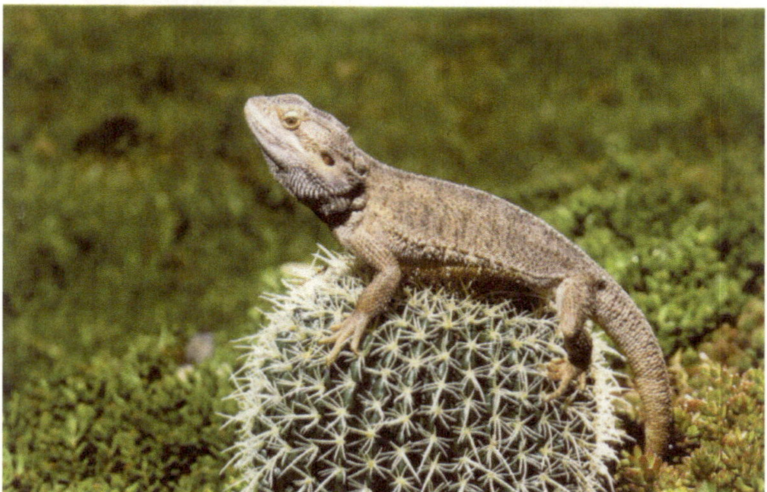

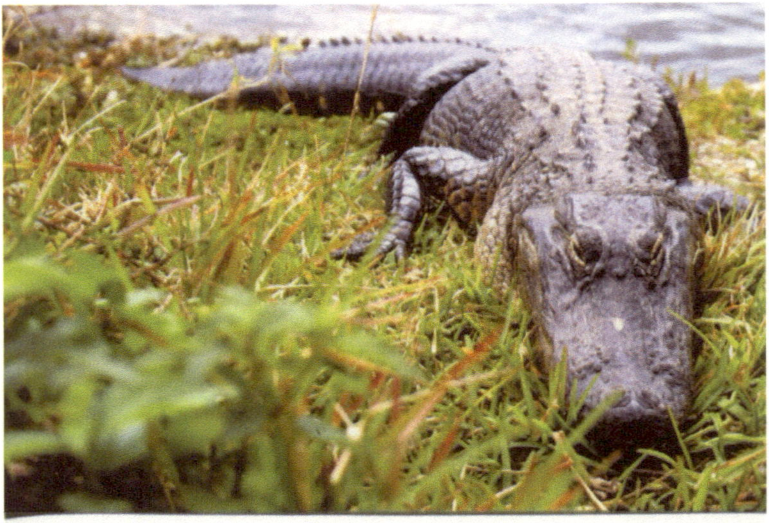

Alligator, Smaragdeidechse

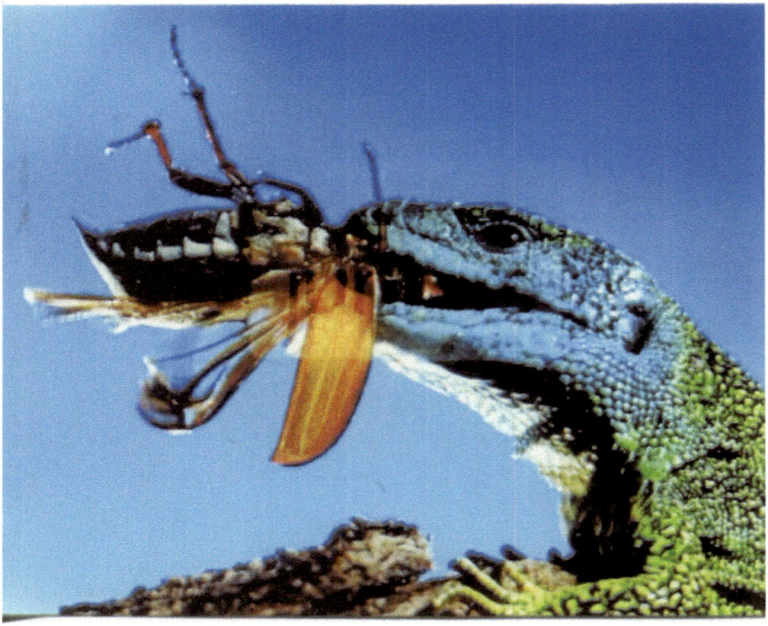

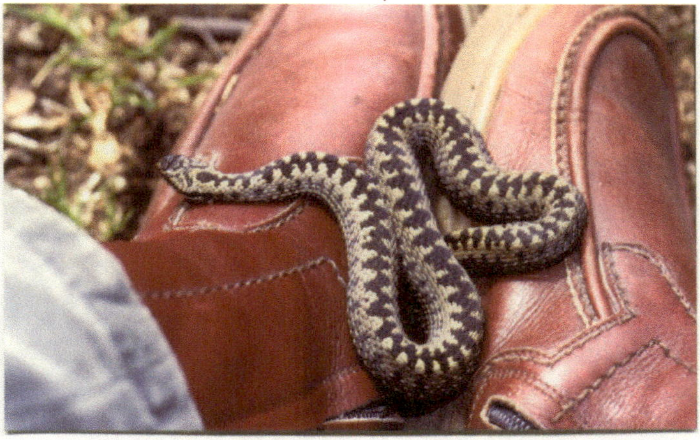

ruhende Kreuzotter,
Riesengürtelschweif

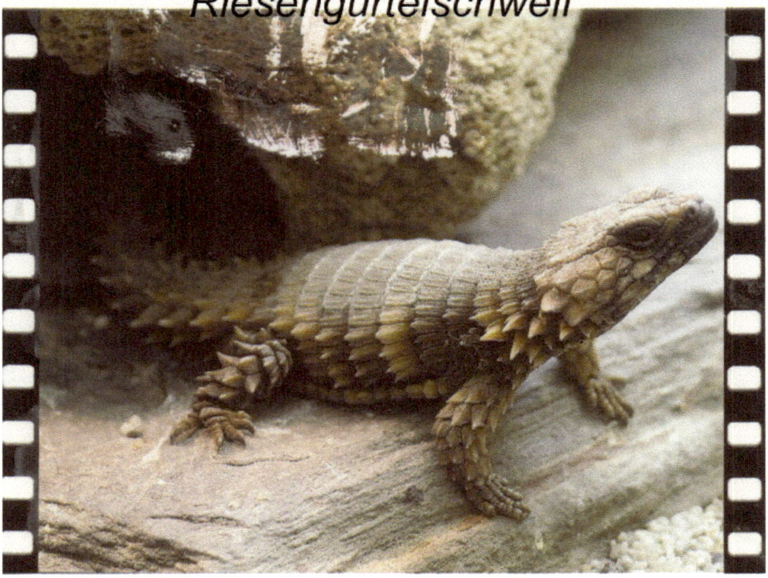

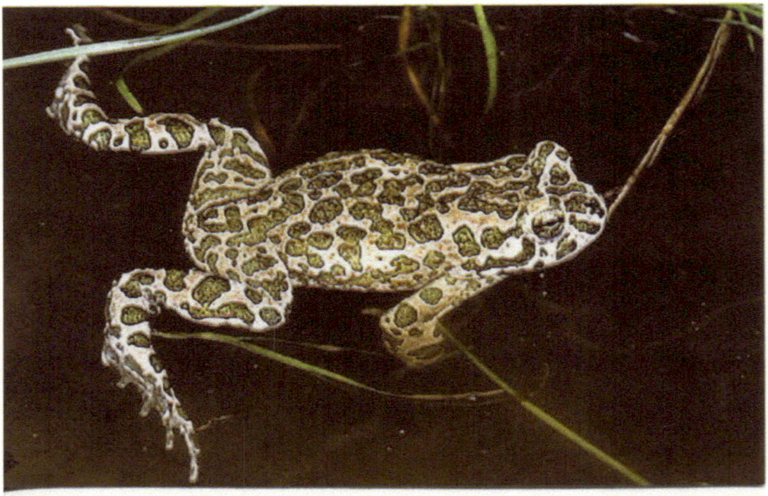

Wechselkröte, Kreuzkröte

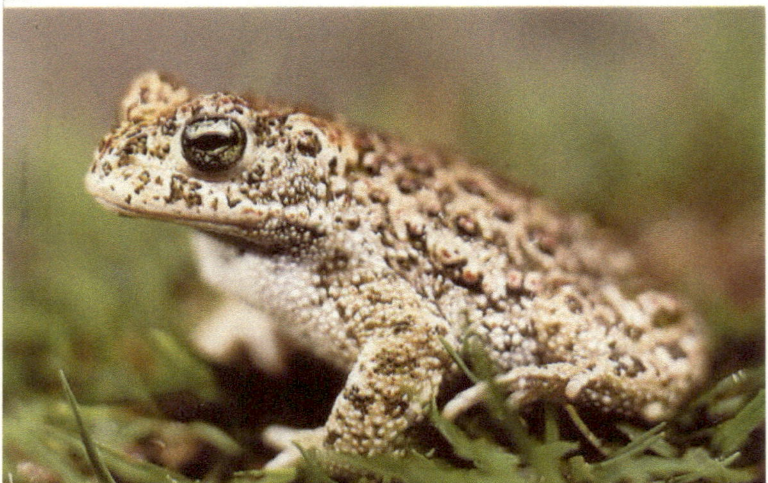

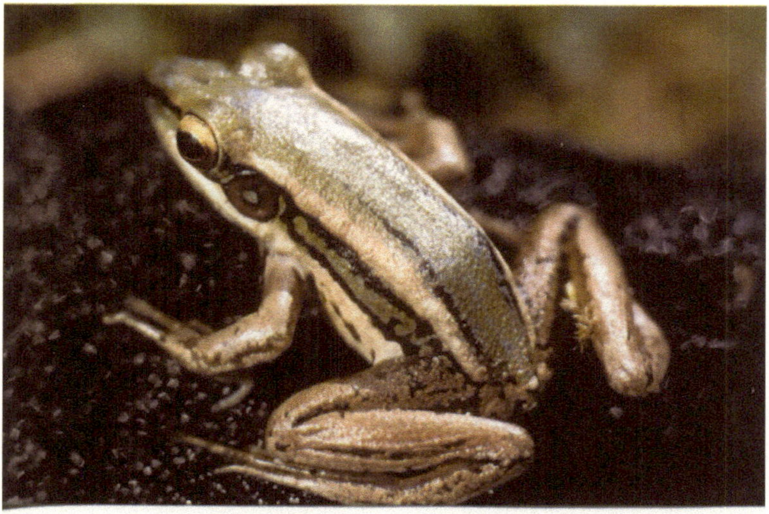

Königslaubfrosch

Grüner Laubfrosch

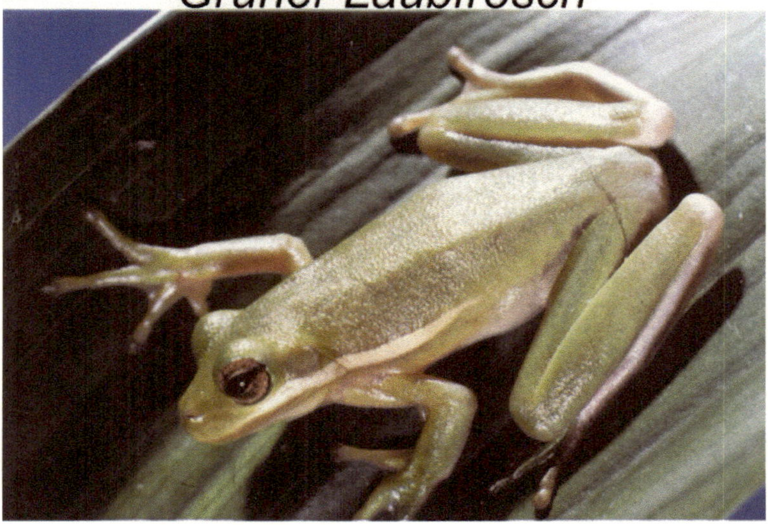

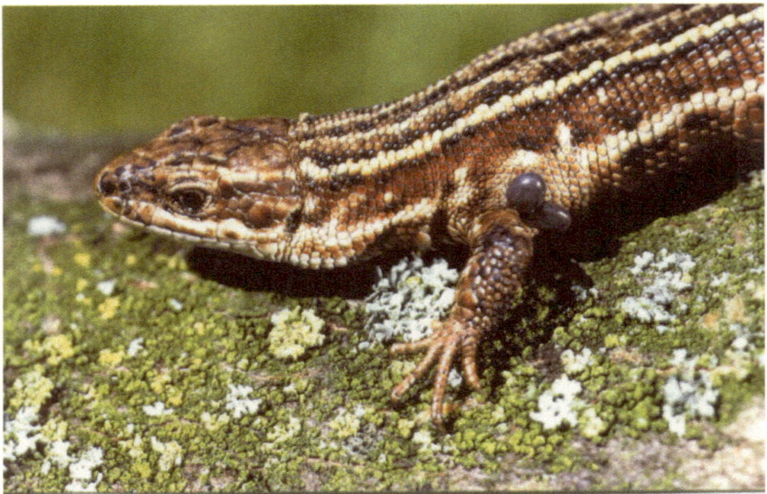

Waldeidechse mit Zecken
Versammlung Waldeidechsen

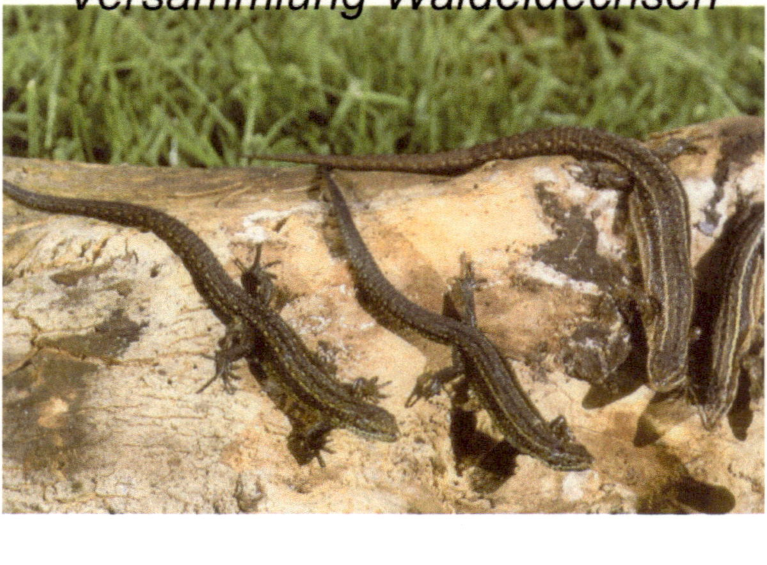

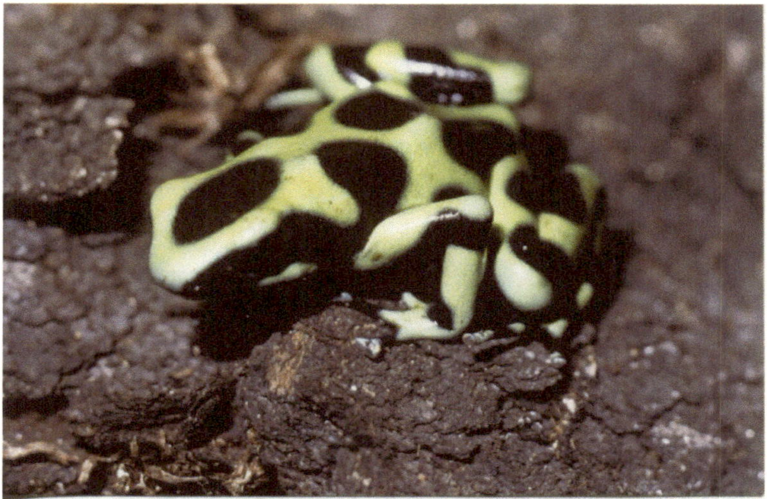

Zweifarbenblattsteiger

Färberfrosch

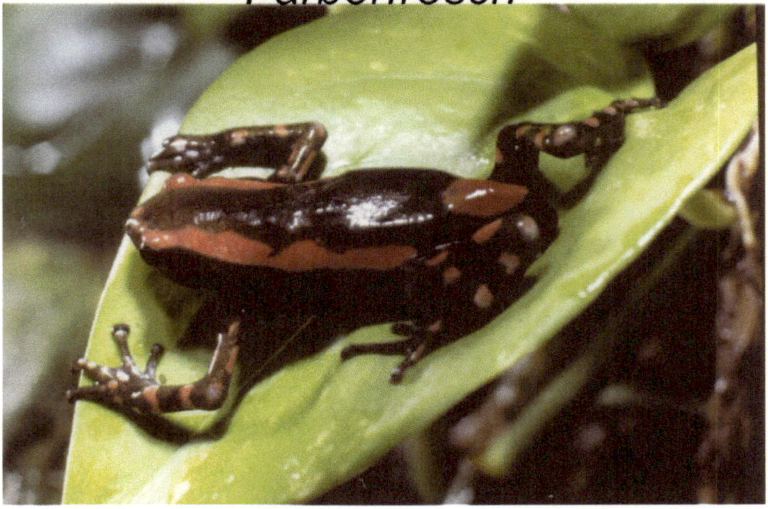

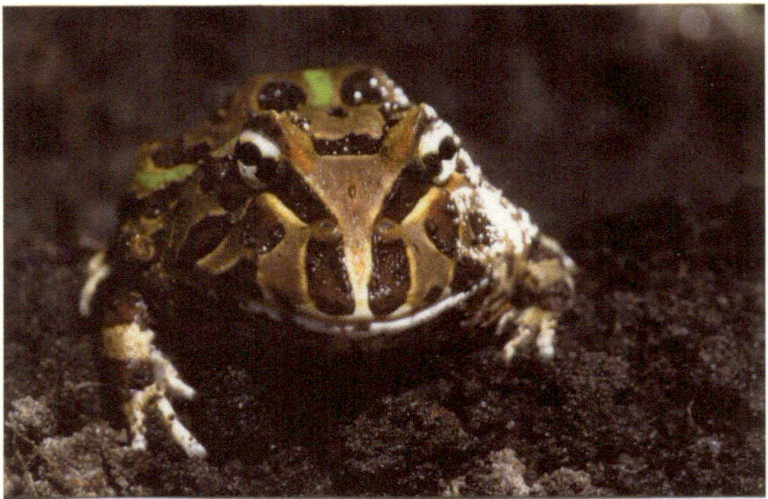

Schmuckhornfrosch
Ochsenfrosch

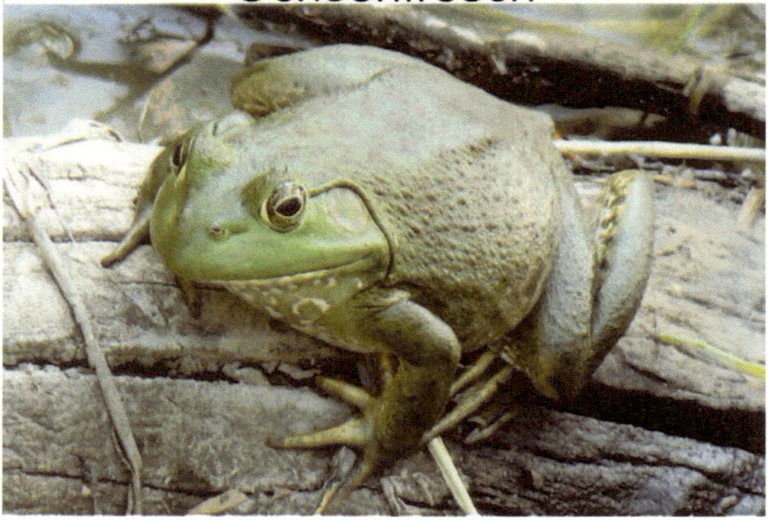

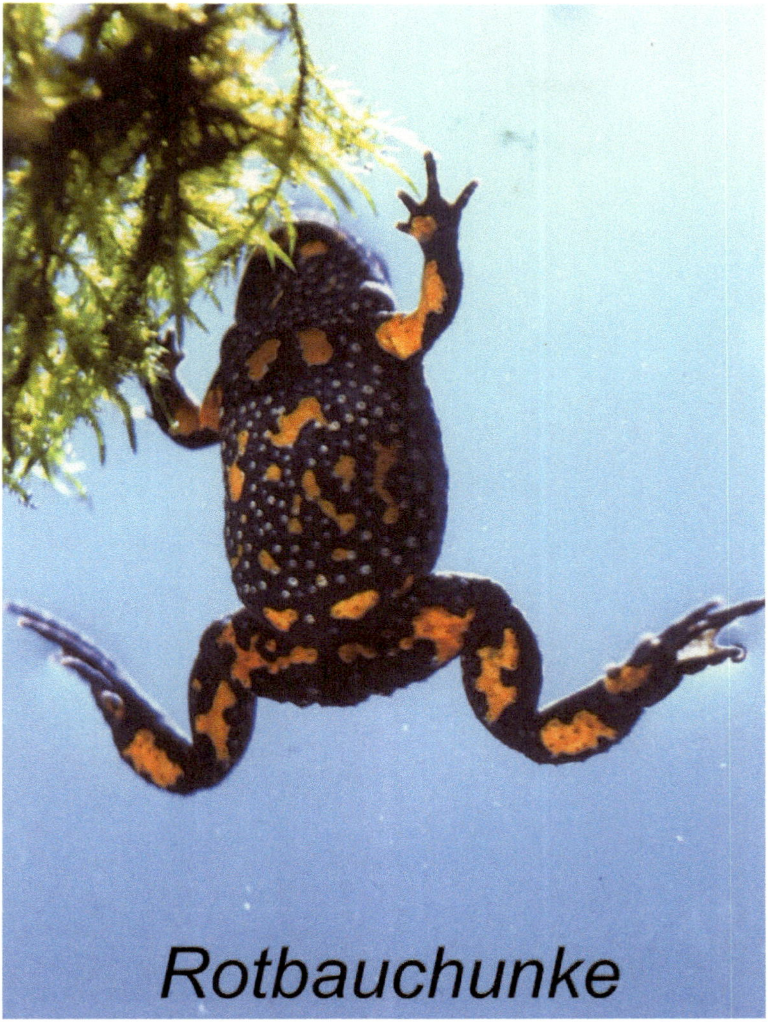
Rotbauchunke

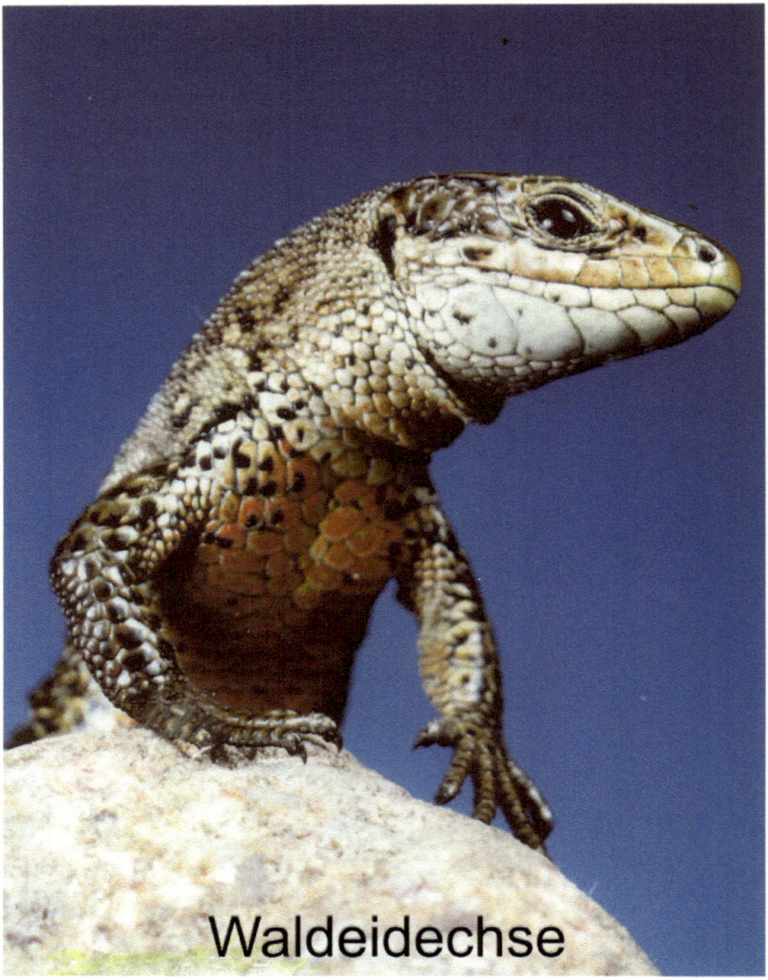
Waldeidechse

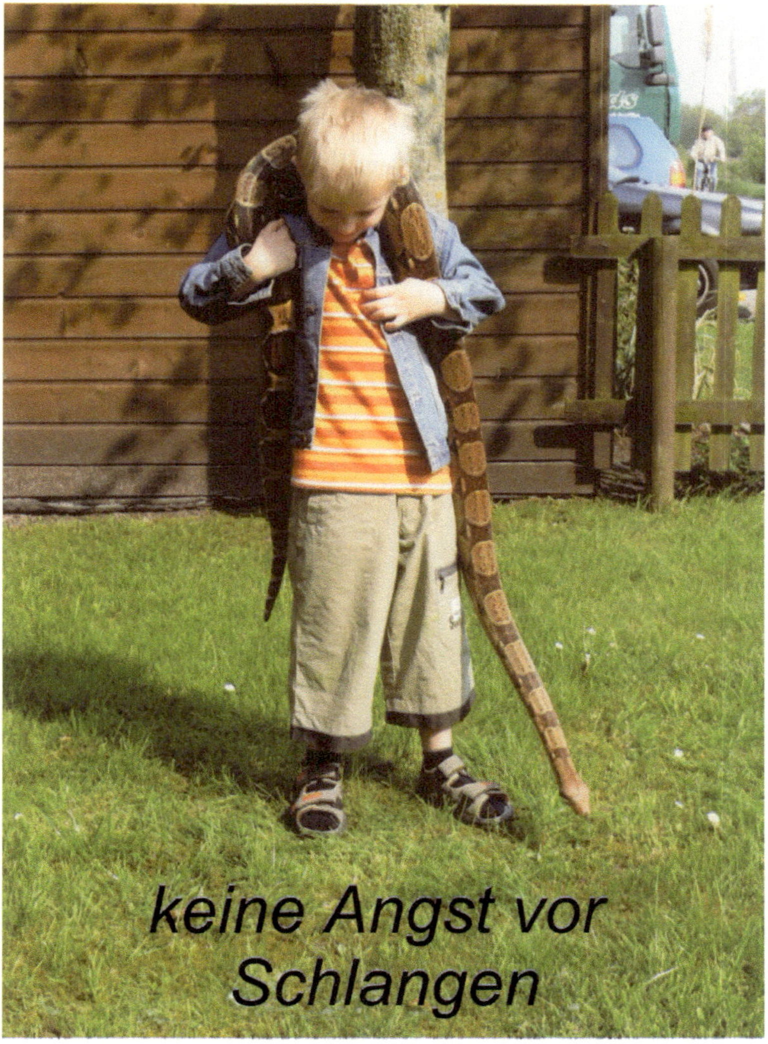

keine Angst vor Schlangen

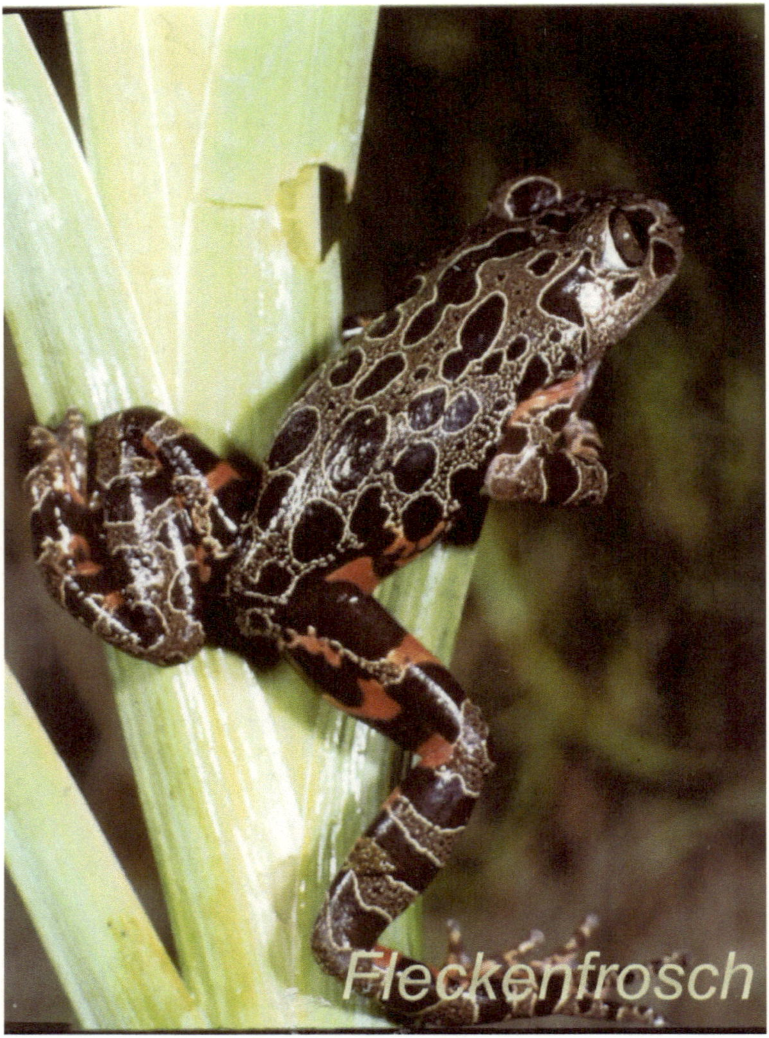
Fleckenfrosch

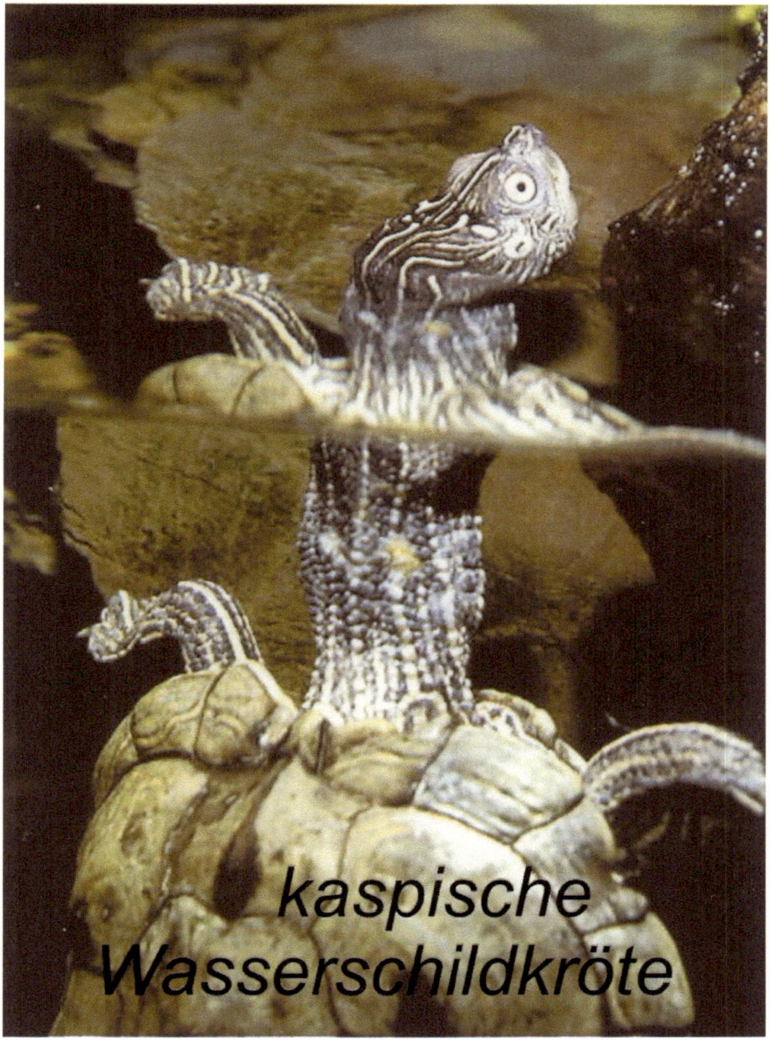
kaspische
Wasserschildkröte

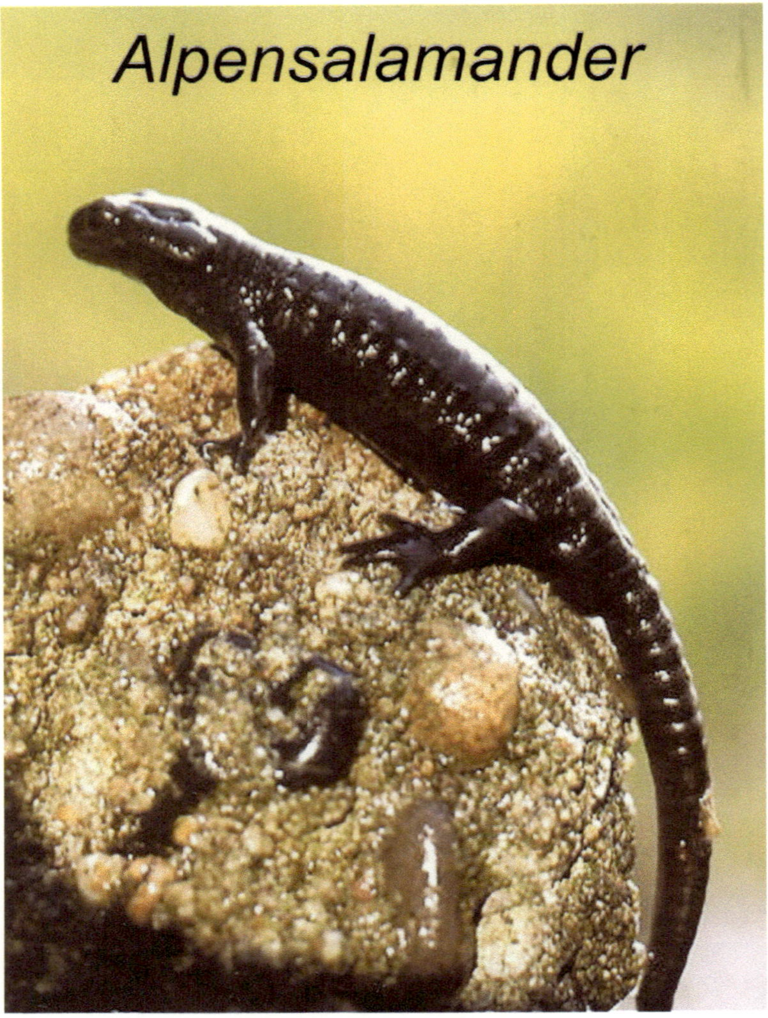
Alpensalamander

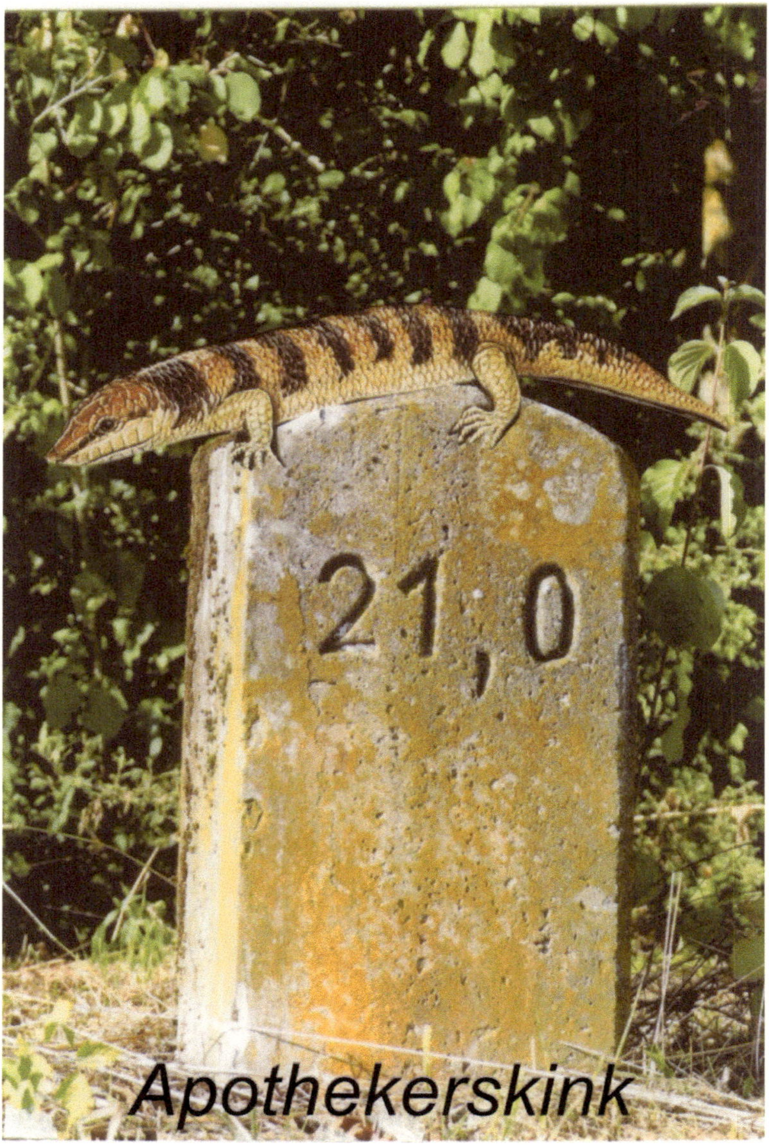
21,0
Apothekerskink

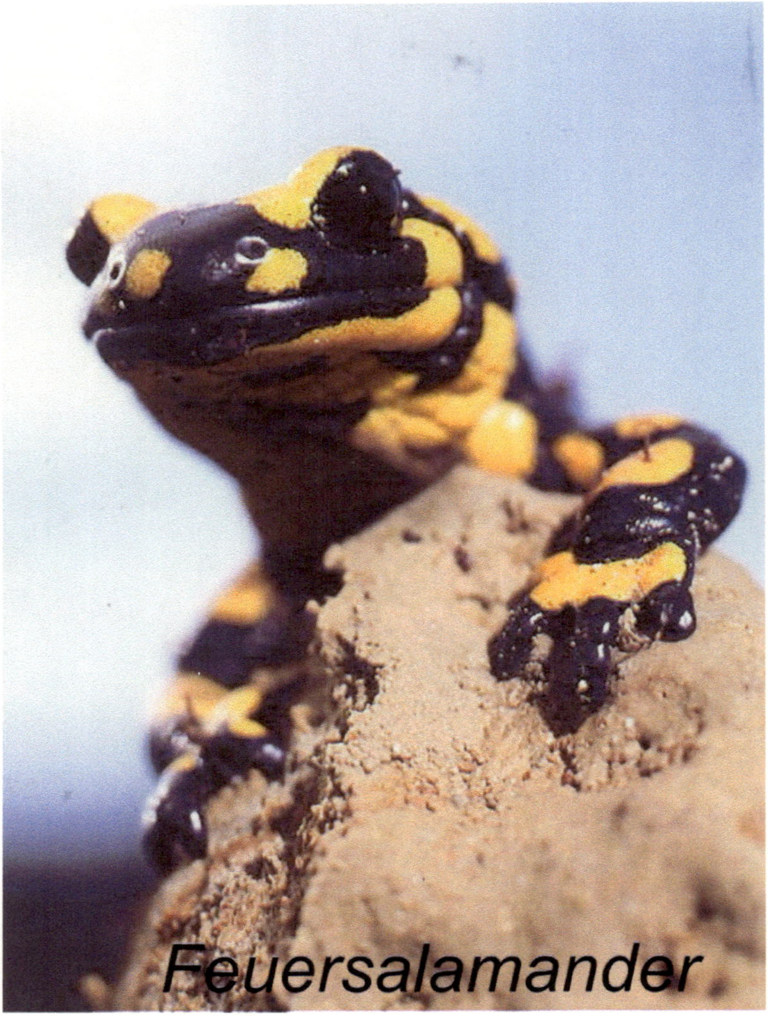
Feuersalamander

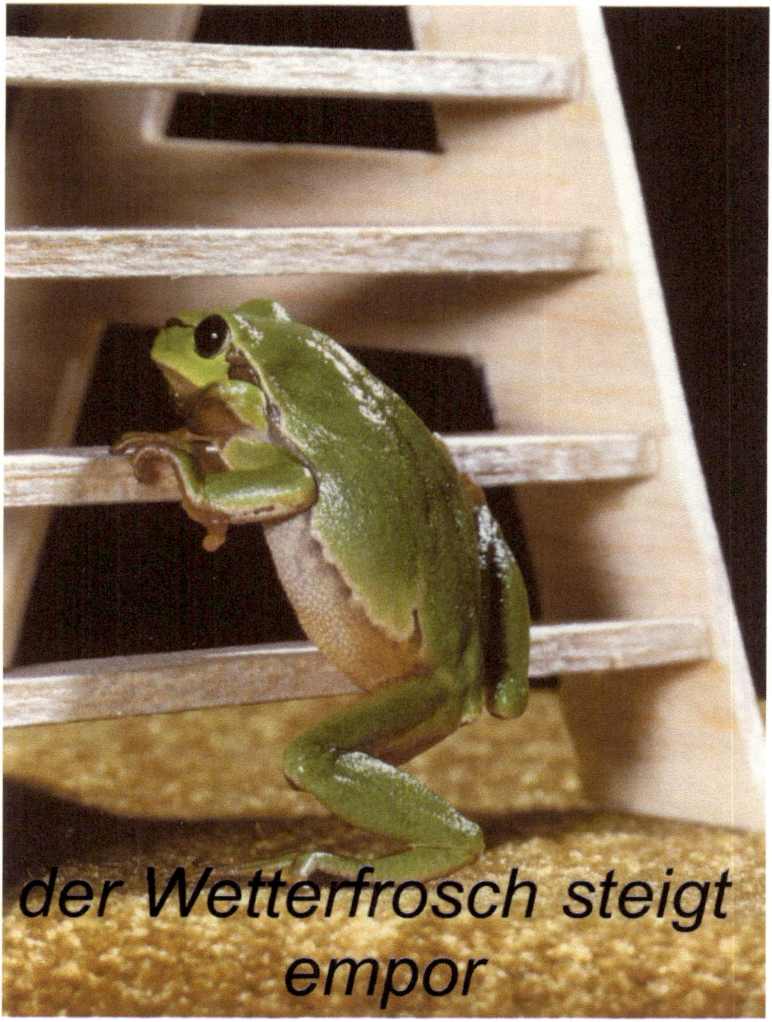
der Wetterfrosch steigt
empor

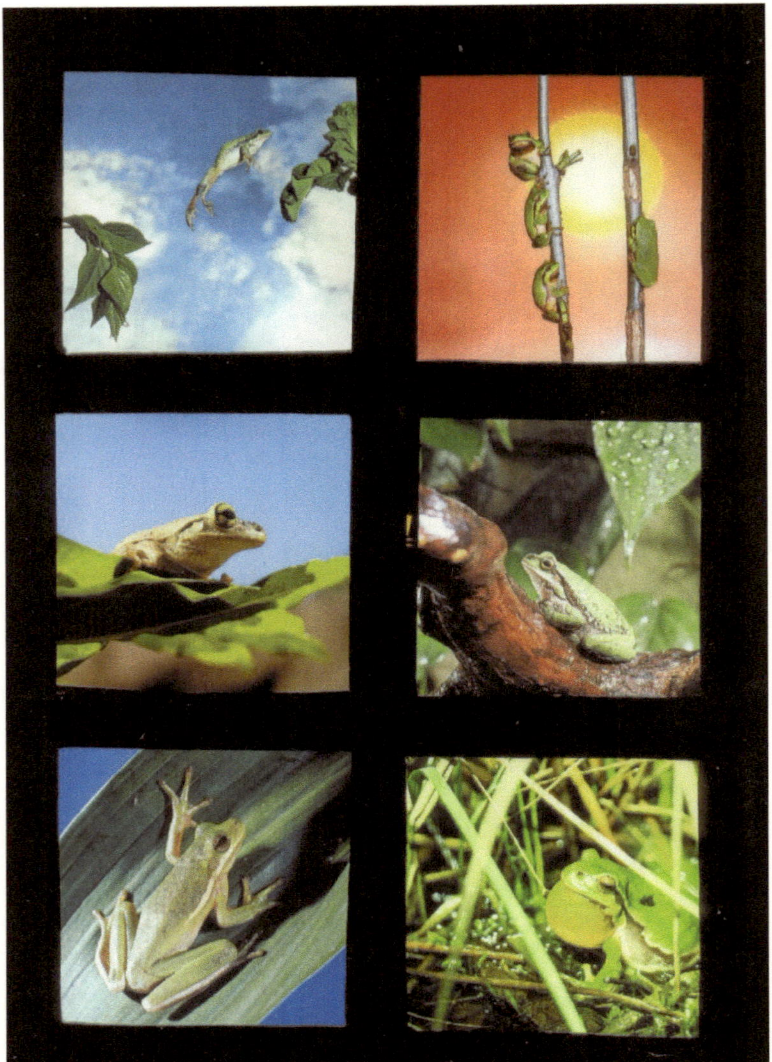

Sechserblock
Laubfrösche

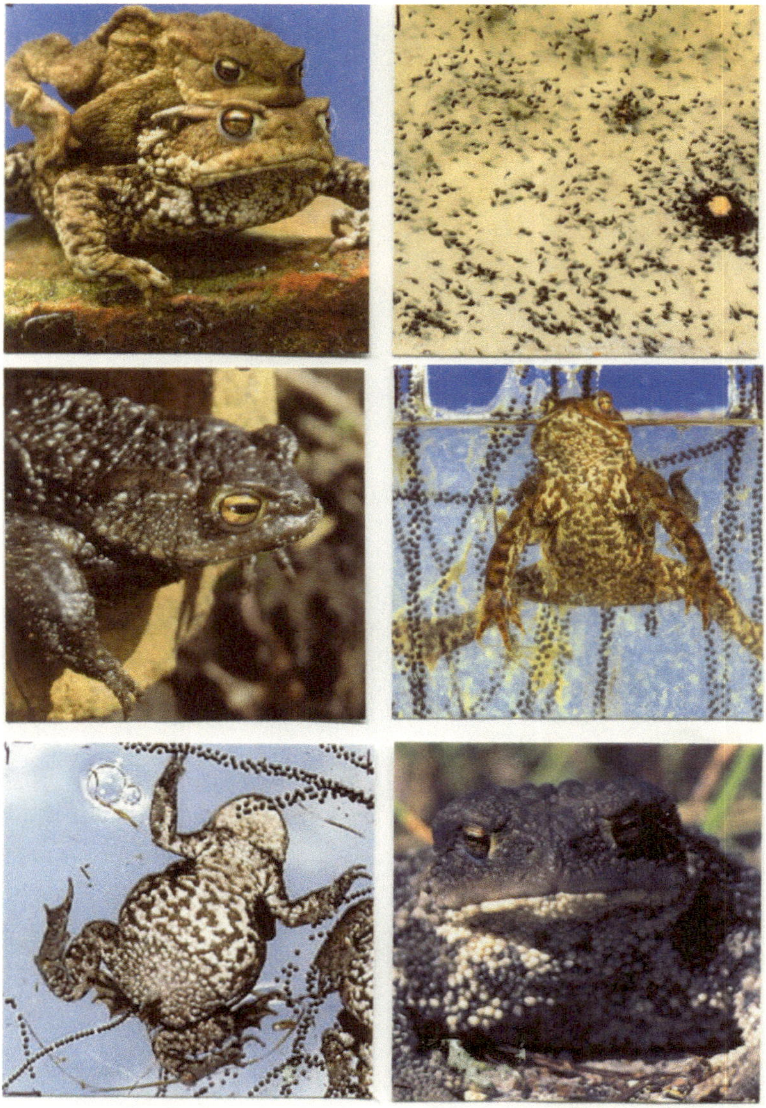

Sechserblock Erdkröten

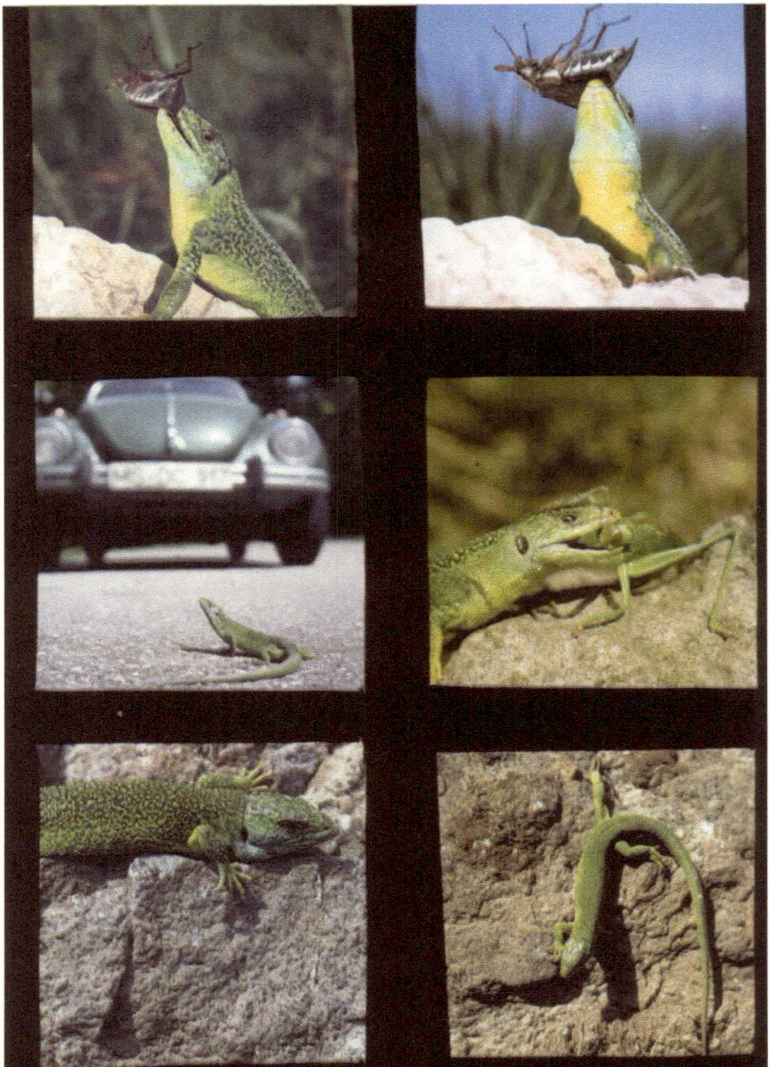

Sechserblock
Smaragdeidechsen

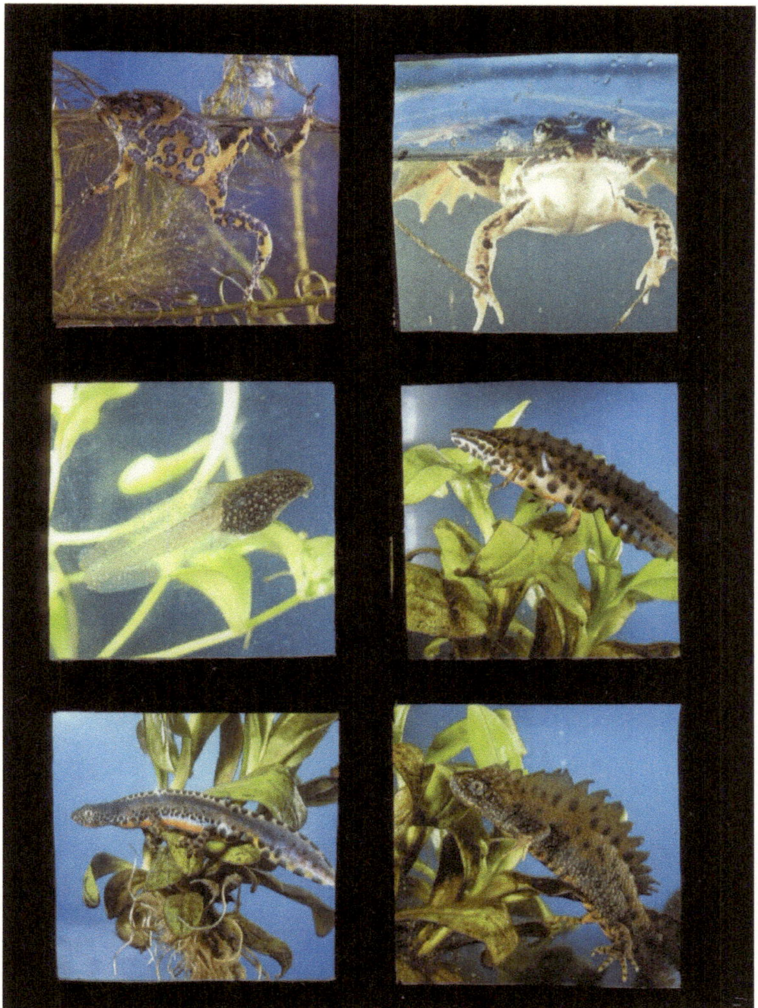

Gelbbauchunke, Wasserfrosch, Kaulquappe, Teich-, Berg- und Kammmolch

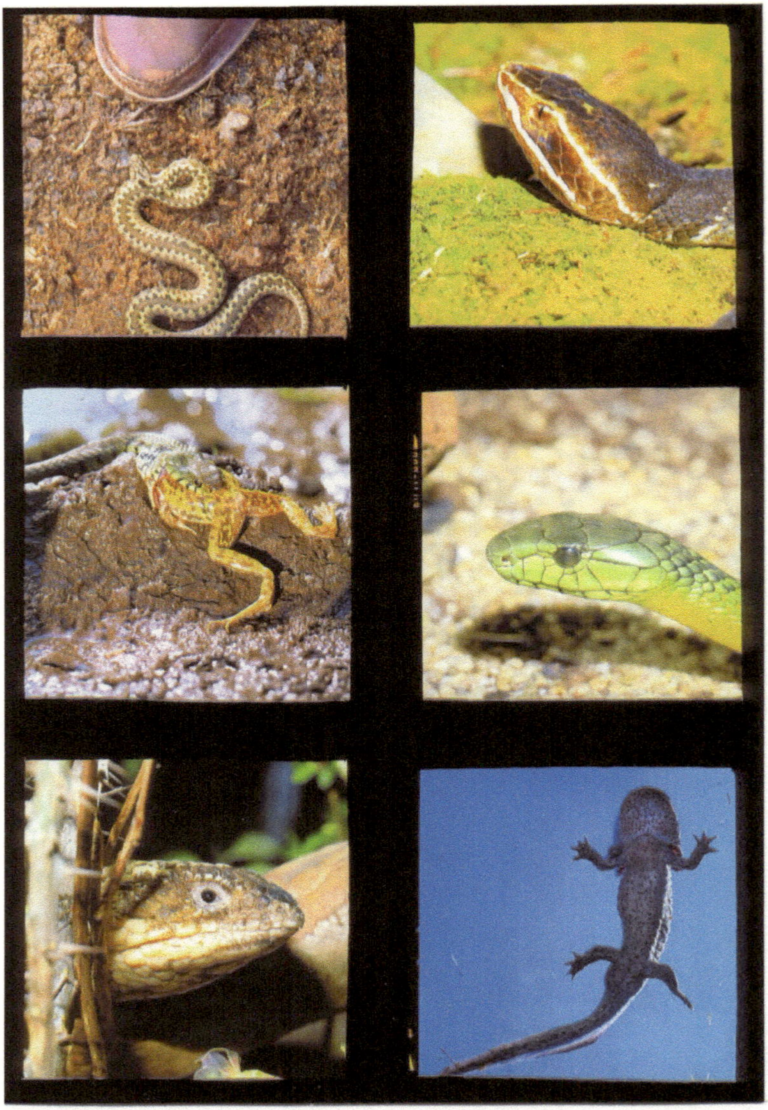

Kreuzotter, Grubenotter, Ringelnatter frisst Frosch, Grüne Mamba, Tannenzapfenechse und Axolotl

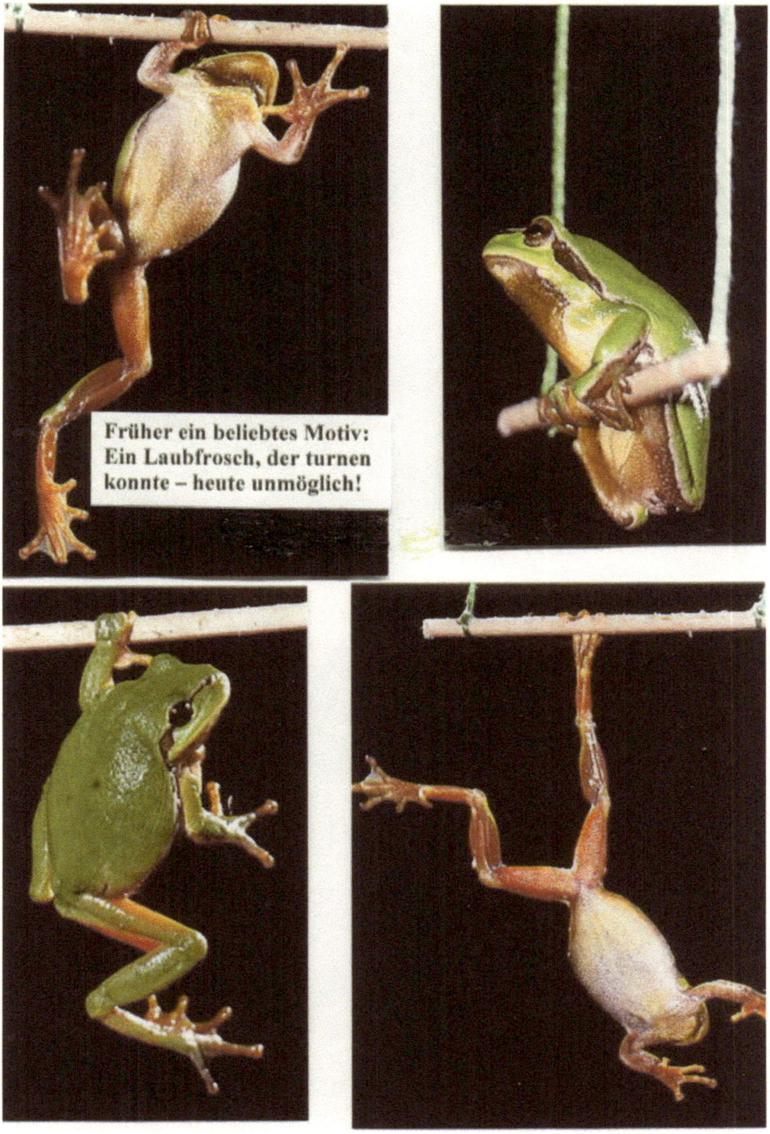

Früher ein beliebtes Motiv: Ein Laubfrosch, der turnen konnte – heute unmöglich!

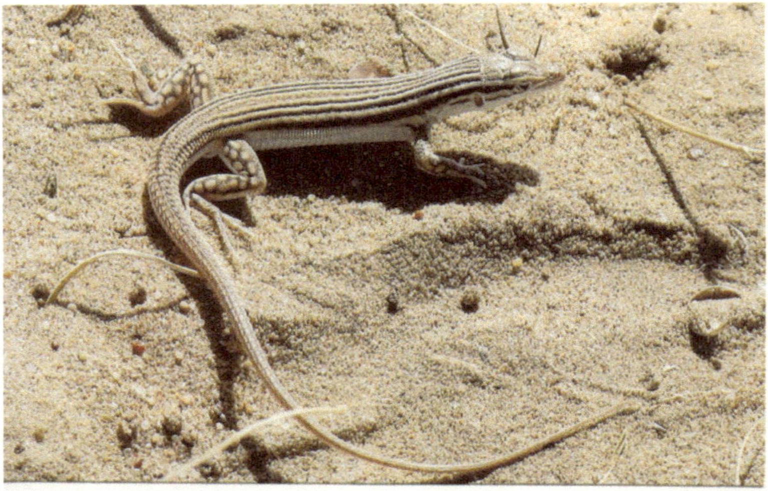

Wüstenrenner und Brilleneidechse

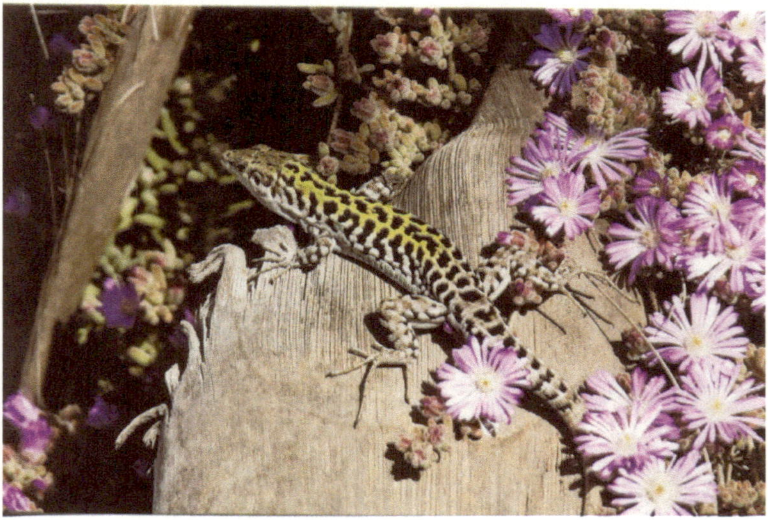

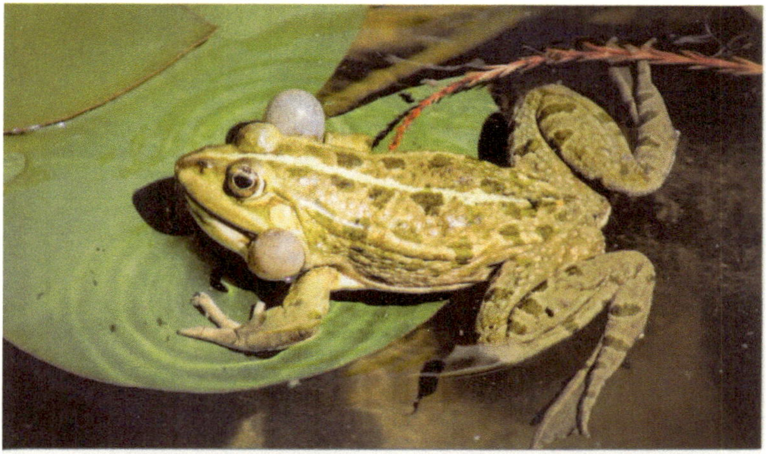

quakender Wasserfrosch und nordische Ringelnatter

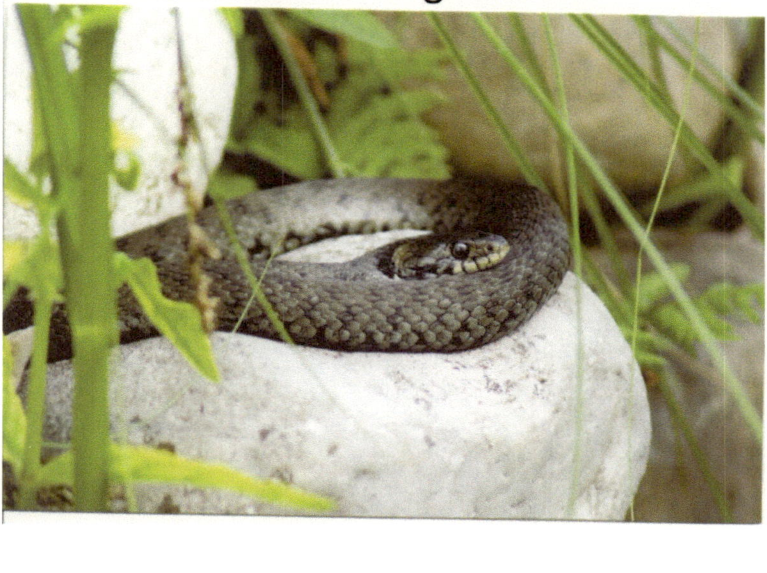

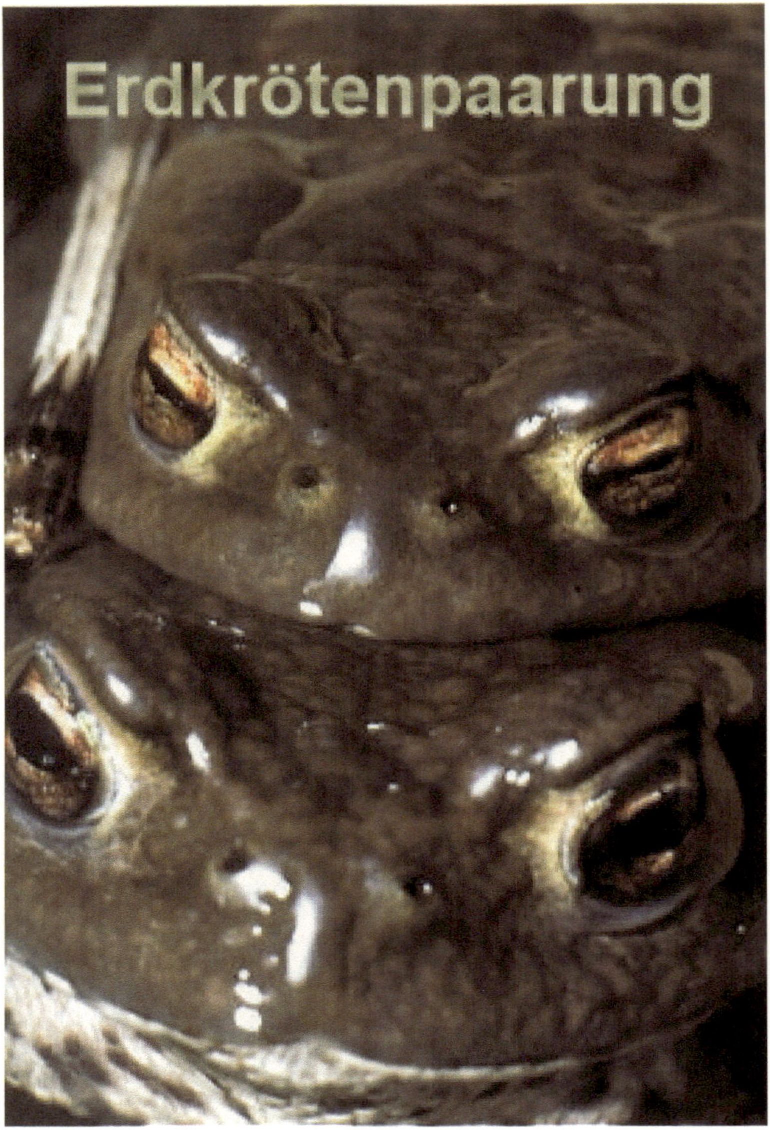
Erdkrötenpaarung

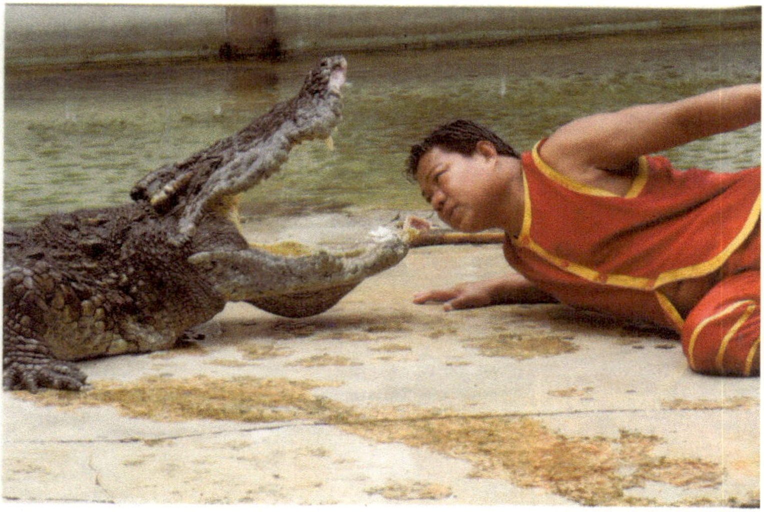

zweimal Krokodilfarm

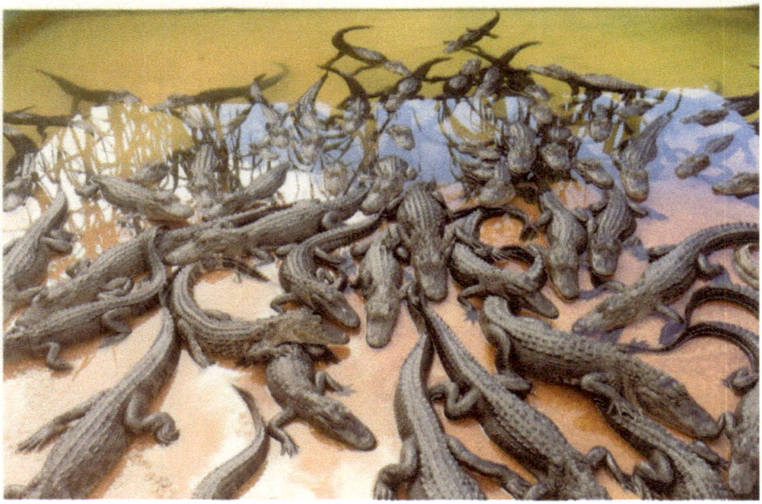

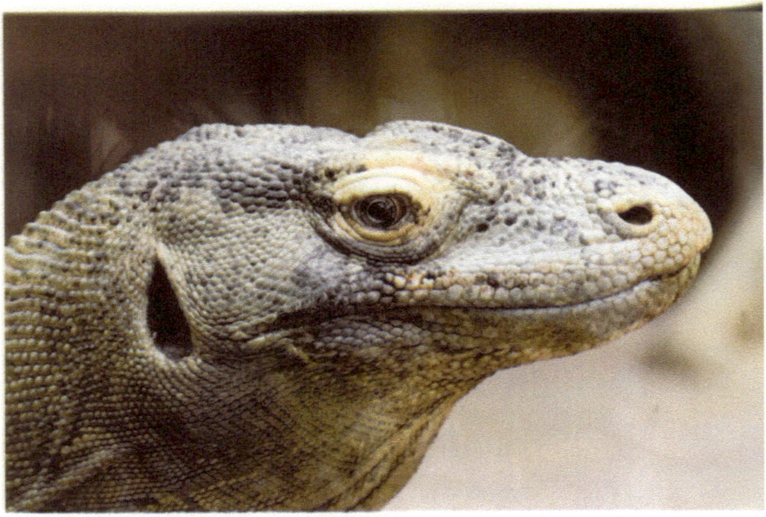

Komodo-Waran und Blauschwanzskink

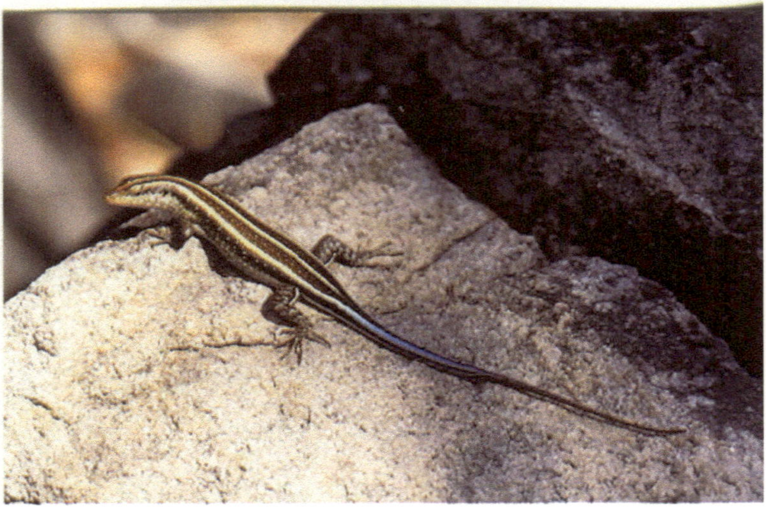

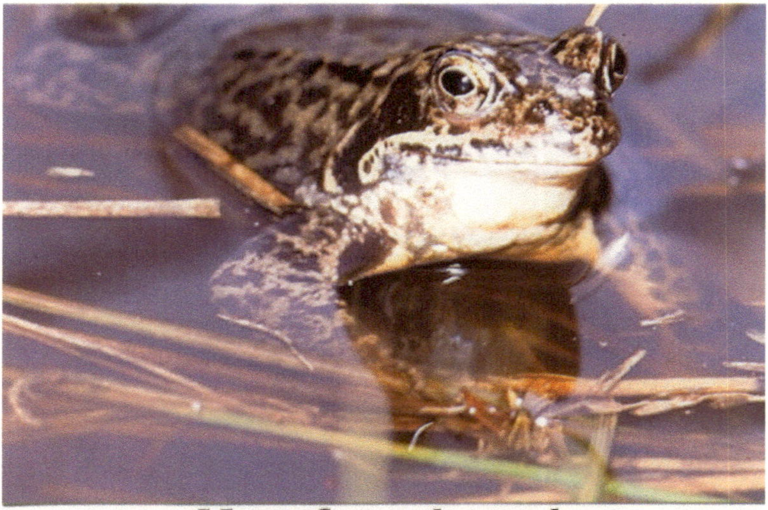

Moorfrosch und Sumpfschildkröte

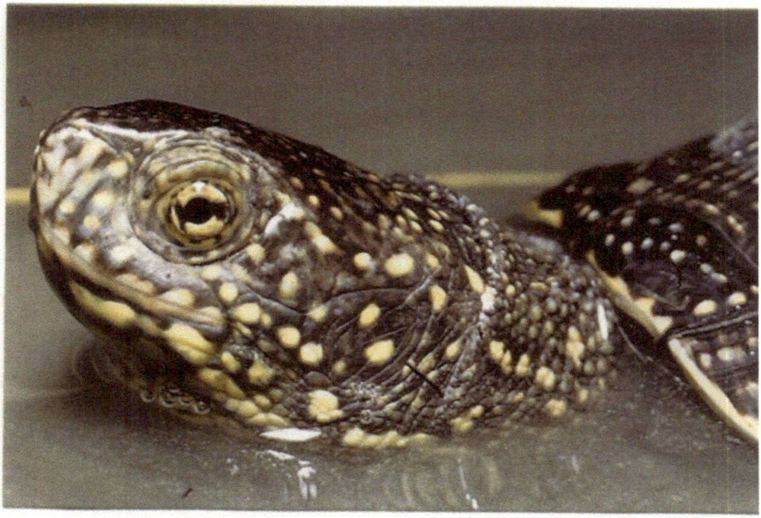

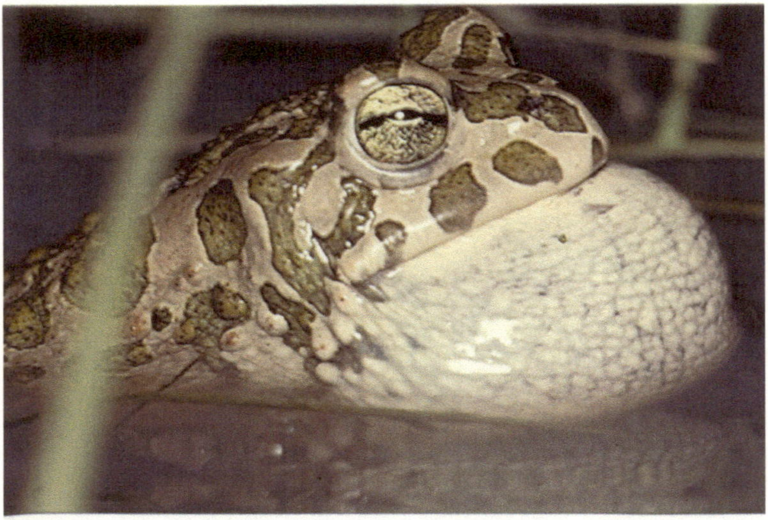

Wechselkröte und Laubfrosch

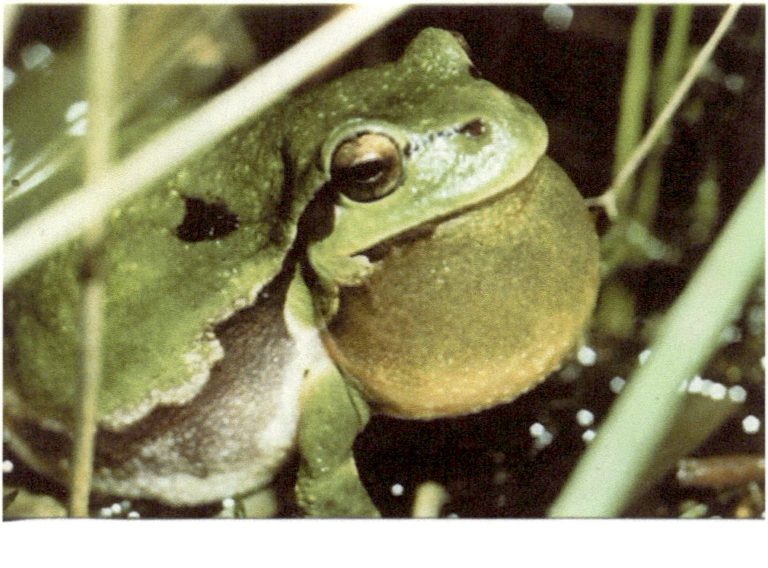

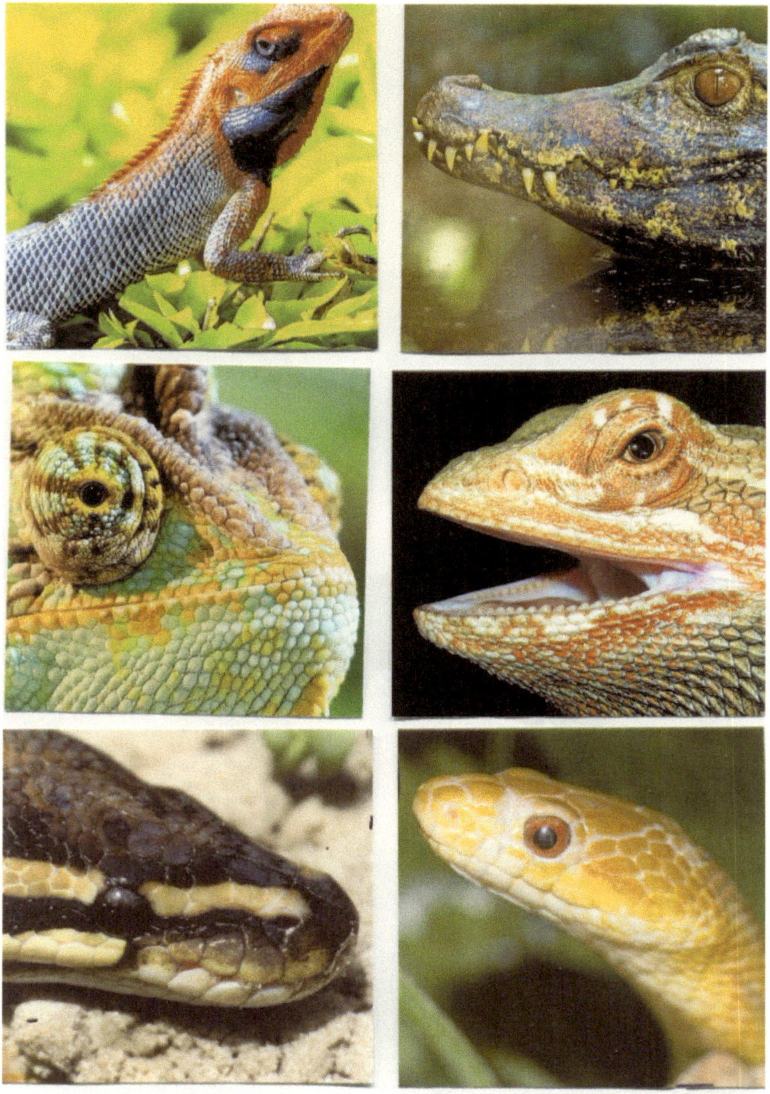

Siedleragame, Krokodil, zwei Chamäleons, Python und eine Natter

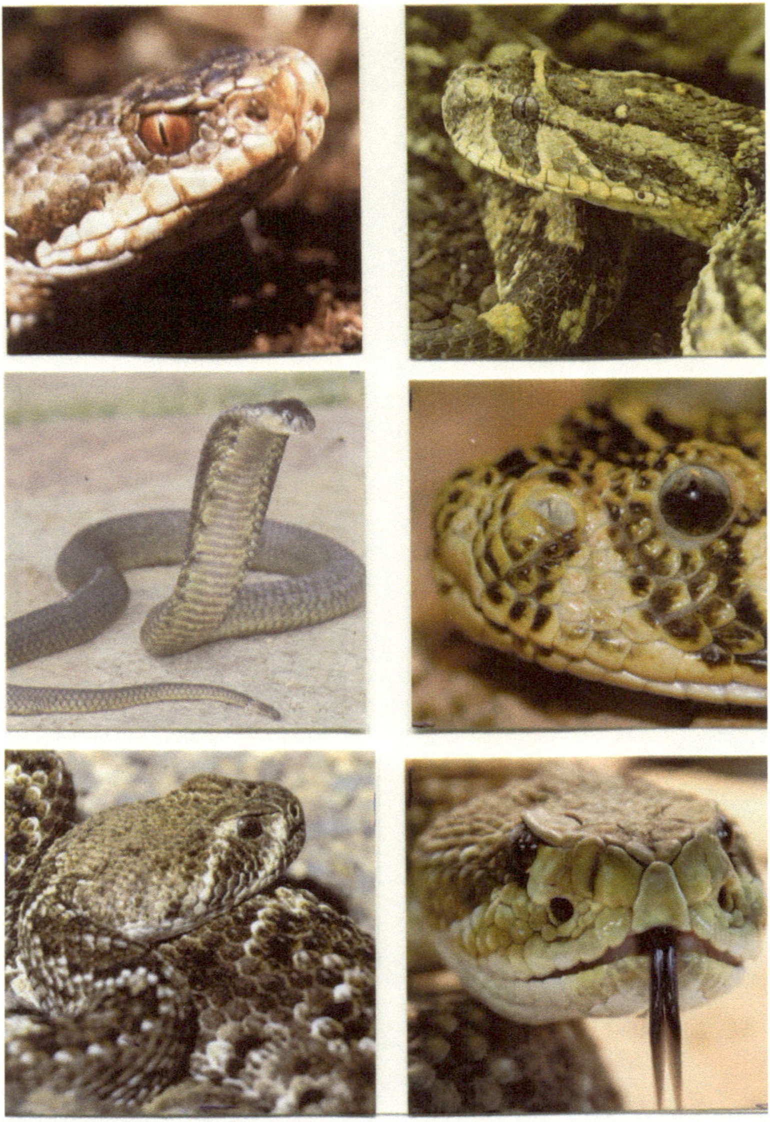

Kreuzotter, Viper, Kobra, Puffotter, zweimal Klapperschlangen

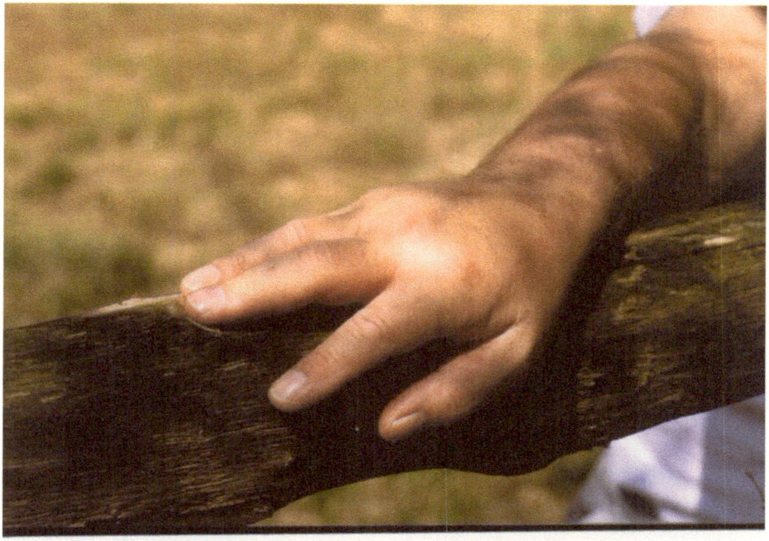

Die Folgen des Kreuzotterbisses: Hand und Oberarm sind geschwollen

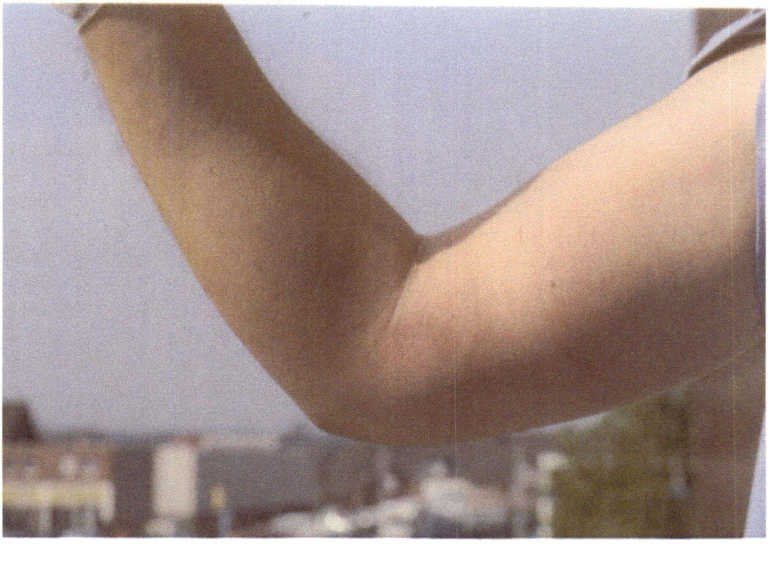

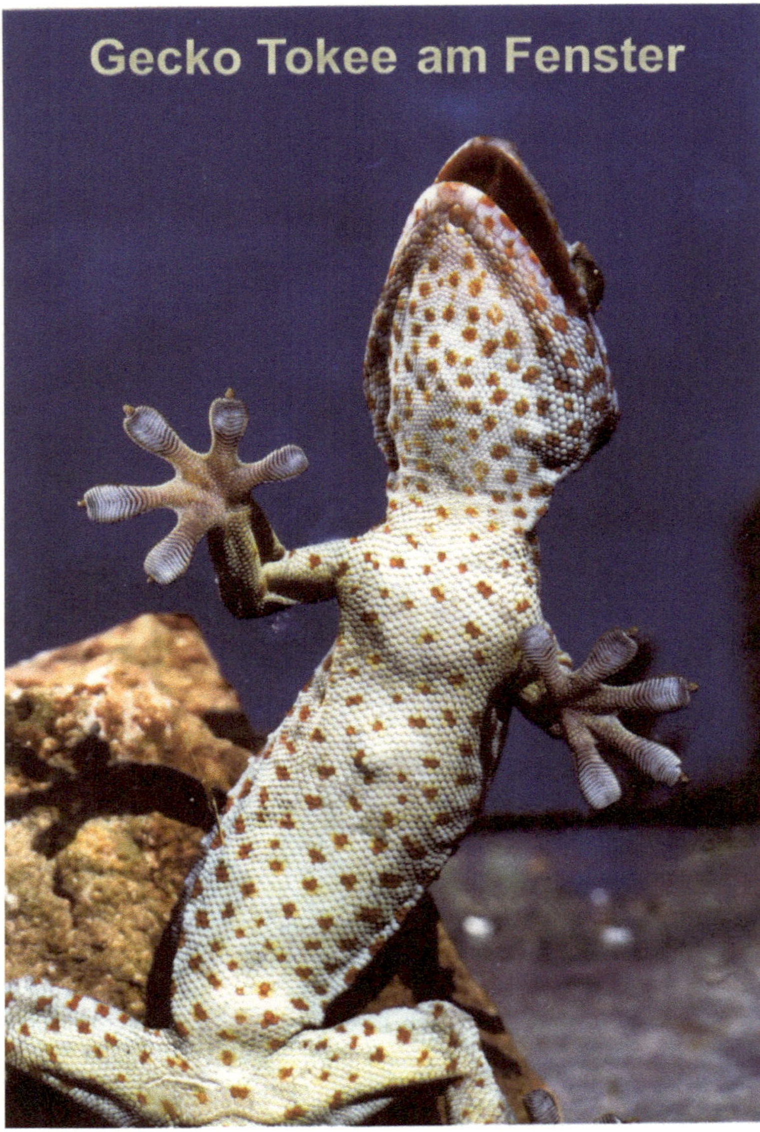
Gecko Tokee am Fenster

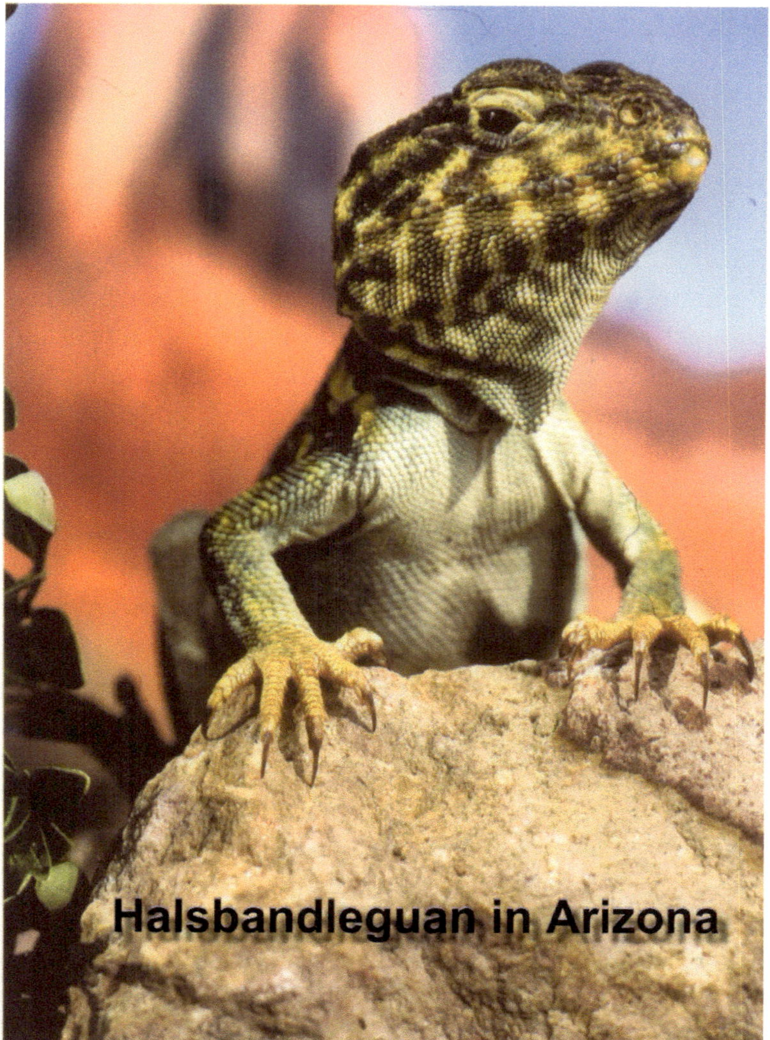

Halsbandleguan in Arizona

Dramatische und „lustige“ Abenteuer mit Reptilien

Es soll in diesem Buch auch etwas zum Lachen und Schmunzeln geben. Die erste Geschichte mit Ringelnatter „Natrix“ habe ich selbst erlebt, die beiden anderen stammen aus dem Fundus der mir mitgeteilten Vorkommnisse. Natrix war eine kapitale Ringelnatter, sie maß satte ein Meter sechzig und ich wollte sie fangen, weil ich noch kein Portrait von Ringelnattern nördlicher Abart besaß. Diese sind schwärzer und kontrastreicher gefärbt als ihre südlichen Ausgaben. Das Maul ist bei Ringelnattern größer als bei Kreuzottern, ihren Augen fehlt das Stechende der Giftschlangen und insgesamt ist die Schnelligkeit ihrer Bewegungen denen der Giftschlangen deutlich überlegen. Ich kannte diese Natrix seit dem Frühjahr und war beeindruckt, dass sie „schneller als ein Peitschenhieb“ davon huschen konnte. Ich wusste auch, wo sie wohnte und ihre Verstecke besaß, hatte ihr aber noch nicht ernsthaft nachgestellt.

Wie fängt man am besten Mensch und Tier? Indem man ihnen Fallen und Unterkünfte zur Verfügung stellt und diese kontrolliert. Als Falle für Schlangen nannte mir Terrarianer Alfons „das Mittel der Zeit“: Jene gewellten Asbest- und Eternitplatten, die man damals zum Abdecken von Schuppen, Scheunen und Gerätehäuschen benutzte und die heute aus dem Verkehr gezogen sind.

„Eine Quadratmeterplatte auf den Erdboden vom Wald und Gebüsch gelegt“, verriet dieser Gewährsmann, „und so dauert es nicht lange, dass sie als Unterkunft dient. Sie werden sich wundern.“

Er sollte recht behalten, ich tat es. Und eine Warnung erhielt ich noch kostenlos:

„Pass auf, dass sie dich nicht beißt! Alle Schlangen, ob giftig oder nicht, haben das Maul voll Erregern und Bakterien, giftige oder ungiftige, die schwere Entzündungen und Blutvergiftungen nach sich ziehen können. Am besten ist es, du hast stets den Gabelstock bei dir, mit dem du sie erst einmal am Boden halten kannst.“

Diesen Rat kannte ich schon. In der Urlauberzeit ohne Reisen war ich jeden Tag vor Ort, wo ich die Wellplatte hingelegt hatte. Immer versteckte sich ein lichtscheues Tier unter ihr: Blindschleichen, Grasfrösche, Erdkröten, Unken, andere Kröten, junge Kreuzottern und Ringelnattern – aber nicht Natrix die Kapitale. Dann aber doch eines kühlen Morgens: Da lag sie eingerollt, den Kopf in der Mitte der Aufrollung versteckt. Ehe sie reagieren konnte, nagelte sie mein Stock am Boden fest. Sie zischte wie eine alte Dampflok und sperrte mir ihren Rachen entgegen. Doch beherzt fasste ich sie mit meiner Rechten hinterm Kopf und ich hob sie hoch, um sie in den Leinensack gleiten zu lassen.

Aber ach und oh wehe: Ans Beißen hatte ich gedacht, nicht an die Reaktion der zweiten Körperöffnung. Diese übernahm nun die Verteidigung, nachdem sich Natrix um meinen rechten Arm gewickelt hatte, und leerte all jene Verdauungssäfte an mir aus, welche die vorigen Mahlzeiten von Fischen, Fröschen und Molchen in ihr gebildet hatten. Ich gebe zu, dass gewiss jeder Mensch eine Phase des Pupens, Stinkens, der Notdurft und des Kotzens nacheinander durchmacht. Aber alle zusammengenommen, komprimiert und innerhalb einer Sekunde abgelassen, können nicht so infernalisch wirken wie die Exkremente von Schlangen! Im Nu war ich in eine Wolke des Gestanks eingehüllt und am ganzen Körper inklusive Mütze, Gesicht, Jacke wie Hose bis zu den Schuhen bespritzt und bekleckert und das Sinnbild des Gestanks, die Reinkarna-

tion von Mief, Atemlosigkeit und in die Hose machen geworden. Dennoch: die Beute loslassen kam nicht in Frage. Im parat gehaltenen Plastikbehälter verschwand dieses Stinktier und wurde erst einmal abgestellt.
Dann ging es mir darum, dass ich so nicht heimkommen und auch das Auto nicht verstänkern durfte. Wo befindet sich Wasser? Aha, der Teich nebenan, wo Natrix gewiss auch ihre Fische gefangen hatte. Kein zuschauender Mensch war zu sehen. Ich ließ nur die Unterwäsche am Leib und steckte Hemd, Strümpfe, Schuhe, Hose und Jacke, beide vorher geleert, ins Wasser und wrang und spülte sie durch, dass alles nur noch duftete und nicht mehr stank. Muss ich näher berichten, wie ich heimfuhr und die Möglichkeit hatte, direkt bis in die Garage fahren zu können…?

* * * * * *

Die nächste tatsächlich lustige Begebenheit reicht bis in meine Bauernzeit zurück. Da wurde ein neues Trinkrezept gegen den übermächtigen Durst aus der Taufe gehoben: „Laubfrosch im Pils“. Da saß man sonntags seine Arbeitspausen genießend gern in trauter Runde beisammen. Aß, trank, rauchte, schwätzte, zog über andere her und lieferte selbst den Stoff, dass andere über sie herziehen konnten. Verwandte kamen und gingen, Kinder gingen und kamen.

So auch Bübchen, 6 alt und allen Kriechenden, Laufenden, Fliegenden, Springenden und Krabbelnden aufgeschlossen: Von A wie Ameise, B wie Biene, M wie Mäuse, R wie Ratten bis Z wie Zikade. Seine Augen sahen, was andere links oder rechts liegenließen, er nahm in seine kleinen Hände, was andere „Igittigit“ nannten und steckte in seine Hosentaschen, was andere achtlos zertraten. Und heute fand er einen besonderen Schatz, der hätte weglaufen können, es aber nicht tat: Er war grüner als grün, nur seine Äuglein leuchteten golden in der Sonne und verliehen seinem schon schönen Gesicht jene Vertrautheit, die Bübchen so anzog. Und dieser Laubfrosch lief nicht fort, obwohl er sich in höchst gefährlicher Landschaft bewegte, wo seinesgleichen nichts zu suchen hatten: auf dem geklinkerten Hof des Betriebes! Bübchen spürte in seinem kindlichen Instinkt, dass sich dieser kleine Frosch, den er schon einmal in Büchern gesehen hatte, in Lebensgefahr befand. Denn auf dem Land weiß ein Sechsjähriger bereits, dass Essen und Gegessenwerden eine enge Lebensgemeinschaft eingegangen sind. Zum Beispiel: Was würde diese freche schwarze Dohle Jakob mit ihm machen? Oder der Trut- oder Hühnerhahn, die ein Leben lang ihr Essen vom Boden aufpickten?

Er, Bübchen, gewissermaßen schon ein Chef des Hofes, denn viele Tiere aßen ihm aus der Hand und nickten freundlich, wenn er selbst freundlich zu ihnen war. Bübchen nahm nun den Laubfrosch, den er Grünling nannte, behutsam in die Hände und lief zur Kaffee- und Kuchentafel, auf der, meist für Großvater gedacht, auch Bier und Schinken serviert wurden. Wenn dieser Großvater, der siebzig Jahre hier gearbeitet hatte, dass seine Schwarte heute krachte und seine Gelenke wie ungeölte quietschten, gut und spendabel gelaunt war, dann gönnte er sich auch einen Pils. Das Glas stand nun einladend da, noch hatte der Schaum sich nicht aufgelöst, da stürmte Bübchen heran, rief „guck einmal, Opa, was ich gefangen habe“ und öffnete die Hand. Mochte dieser Laubfrosch bisher eine gewisse Befangenheit in der Gefangenschaft gehabt haben – jetzt erwachte er, besann sich seiner zweitbesten Fähigkeit - als seine erstbeste kann seine Quakfähigkeit gelten – und er zeigte sie. Nun geschah folgendes: Bübchen kam, Opa schaute, Bübchen öffnete die Hand, Opa schaute immer noch, Bübchen freute sich, Fröschchen auch, Fröschchen sprang, Fröschchen landete im soeben nachgefüllten Pilsglas, Fröschchen ruderte darin innen immer am Rand entlang. Bübchens Vater wollte eingreifen, doch Opa sagte „erst leertrinken“ und trank, bis Fröschchen auf dem Trockenen des Glases lag. Da leerte Opa dieses Glas endgültig in Bübchens Hände und befahl: „Nun bring ihn zurück, er mag kein Pils.“

* * * * * *

Wir hatten vorhin einen bissigen Gürtelschweif zum Thema. Jetzt kommt der Beißfreudigste unter den Kleinreptilien zur Ehre, verewigt zu werden. Theo, der Zweite Vorsitzende des Terrarienvereins ist der Berichterstatter und zeigt als Beweis seinen linken Zeigefinger her. Dort konnte jedes Mitglied dieses rührigen Vereins erkennen, dass den Finger jemand in die Zange, Mangel oder Schraubklemme genommen oder in den Fleischwolf gesteckt hatte. Theo triumphierte und erklärte:

„Das war unser Tokee „Gecko“, wissenschaftlich *Gekko gecko* geheißen, das bissigste Vieh auf Gottes bissiger Erde.“

Theo berichtete, dass der Tokee sich durch seine, Theos Unvorsichtigkeit in seinen Zeigefinger derart verbissen hatte, dass es nichts anderes zu geben schien, als ihn zu töten. Er hatte seiner Frau befohlen, die Gartenschere zu holen und am Schwanz beginnend Stück für Stück abzuschneiden.

„Das arme Tier", klagte sie, „und es ist nicht einmal sicher, dass er im Tod seine Kiefern öffnet. Außerdem ist eine solche Quälerei verboten."

Und sie kam auf eine elegantere Idee: Sie hatten gestern im Baumarkt einen Satz Minituben eines Bombenklebers gekauft. Nun holte sie eine Tube her, schnitt die Kappe ab und knöpfte sich Gecko so vor, dass sie ihn fest, den Kopf hochhielt und ihm den Kleber in beide Nasenlöcher tröpfeln ließ.

„Wenn du das mit mir machst", sagte Theo, „bin ich in Sekundenschnelle tot."

Das mochte stimmen, keiner der Zuhörer wusste zu sagen, ob der Versuch schon einmal gemacht worden war. Gecko hielt stand, aber Theo sagte, er spüre ein Nachlassen des Drucks. Und tatsächlich, Gecko fiel von der Hand wie ein Apfel vom Baum, und rollte sich auf dem Teppich aus. Dort lag er noch, nachdem Theos Hand medizinisch versorgt worden war, und weil Theo ihn heute nicht mehr beisetzen mochte, trug er ihn ins Terrarium zurück. Am anderen Morgen wurde Gecko wach, weil ihn eine Heuschrecke am Kopf kitzelte, er fraß sie auf – und man kann sagen „Wenn er nicht gestorben ist, dann lebt er noch heute."

Zum Schluss dieses Kapitels muss ich ein Erlebnis erzählen, das ich nur deswegen mitbekam, weil ich an diesem Abend wenig Hunger und keine Lust hatte, nach der üppigen Mittagsmahlzeit zum zweiten Mal ein volles Menue in mich zu stopfen. (Ich muss erwähnen, dass allen anderen Mitgliedern dieser Reisegruppe „Essen und Trinken" die Hauptattraktion der Afrikareise bedeuteten – als kämen sie aus einem Hungerland! Also was tun, bevor die Dunkelheit in einer Stunde hereinbricht? Nur hundert Schritt von der Station entfernt, erinnerte ich mich, gab es eine Erdmännchenkolonie. Ich fragte einen schwarzen Führer, ob er mich dorthin begleiten wollte, „der Löwen wegen“, welche zwei Menschen mehr fürchteten als einen, besonders wenn einer von ihnen mit einem übermannshohen Stock bewaffnet war. Er wollte es für drei Dollar tun.

Nach einer Minute ruhigen Sitzens kamen alle Erdmännchen wieder aus der Burg heraus und trieben ihre munteren Spiele: Groß und Klein, Babys, Halbstarke, werdende Mütter, geile Väter und ein paar Alte, denen die Arthritis in den Knochen zu stecken schien. Da plötzlich erlahmten die Aktivitäten, alle gingen in Habachtstellung und starrten wie gebannt in eine Richtung. Von dort wälzte sich eine kapitale Puffotter in der gewöhnlichen Fortbewegung aller Ottern heran, wohl ums Abendessen besorgt. Weil sich keines der Erdmännchen bewegte und auch alle Warnrufe unterlassen wurden, glaubte sie in den Bau eindringen zu müssen und dort Beute finden zu können – ein tödlicher Irrtum das! Ich wunderte mich bereits, das eingeprägte Bild solcher Schlangenbesuche bei Tiergesellschaften nicht miterleben zu dürfen, da brach ein Theater los, dass auch mein Begleiter noch nicht erlebt hatte!

Denn kaum war die Schlange zur Hälfte im dunklen Bau eingedrungen, da stürmte das stärkste Erdmännchen los, biss der Otter in den Schwanz und schleuderte sie mit einer energischen Körperbewegung ins Freie zurück. Von da an, in die Verteidigerrolle geraten, war sie verratzt, denn hier galt „Viele Erdmänner sind der Otter Tod“. Sie schnellte zurück, um den Attentäter zu beißen, er ließ los und ihr schrecklicher Dreieckskopf schnellte ins Leere, während ein zweiter Angreifer es wagte, ihr in der Körpermitte

einen Biss zu versetzen. So ging das dann abwechselnd weiter: Sie hätte sich noch durch Flucht retten können, doch immer wenn sie aufgeben wollte, tanzten ihr zwei drei Erdmännchen vorm Maul herum, während die anderen begannen, sie von hinten er her aufzuessen. Jedes Erdmännchen, das ihr ein Stück Schwanz vom Körper gerissen hatte, schied aus dem Kampf aus und aß erst einmal.
So kam‘s, wie‘s kommen musste. Die Puffotter erschöpfte sich, ihr Kopf, den niemand angriff, erlahmte und was „hinten“ mit ihr geschah, bekam sie nicht mehr mit: Dort aßen Jung und Alt vergnügt vor sich hin, bis sie zehn Zentimeter hinterm Kopf angekommen waren – da klappte das Schlangenmaul mechanisch auf und zu und war immer noch lebensgefährlich. Die Dunkelheit brach nun schnell herein, wir gingen zur Lodge zurück und alle Erdmännchen gingen schlafen.

Tier- und Fotoabenteuer in heimischen Gefilden

Bevor ich mich mit meinen Berichten ins Ausland begebe, möchte ich noch Abenteuer aus heimischen Gefilden, - damit ist die ganze Bundesrepublik gemeint -, zum Besten geben.

Die Grünen vom Kaiserstuhl. Smaragdeidechsen! Die erste sah ich im Alter von 6, als sie im Schlossgarten vor mir auf einen Baum flüchtete – eine ausgesetzte und getürmte wohl. Von den noch immer wenigen Vorkommen wählte ich das Weingebiet des Kaiserstuhls im Südwesten aus. Es ist leicht zu erreichen, das Aufspüren der Tiere ist viel leichter als woanders und der Tourismus stört dort weniger, die Preise sind moderater.

„Der Eichberg bei Oberrotweil ist noch gut besetzt und besonders ab Mitte April ist dort schon viel los.“

Gehört, überlegt und befolgt! Zwar haben in diesem Weingebiet die „Anbauverbesserer“ getobt wie ein Erdbeben, aber durch die nun sehr steilen Abhänge der waagerechten Rebenfelder sind die Eidechsen mehr geschützt als früher. Doch naturbelassene Stellen gibt es noch, sogar einige alte Steinmauern, die früher die Hänge schützten und heute die schönsten Verstecke der Eidechsen sind. Ich vertraute auf meinen bewährten Blick für Besonderheiten und marschierte schon am Ankunftstag mit der Ausrüstung los. Günstig ist ein Objektiv, das die Entfernungen von einem halben Meter bis zu zwei Metern abdeckt. Für solche Aufnahmen benutze ich gern einen Rasierspiegel, mit dem ich bei Gegenlicht die Tiere anleuchten kann. Ich war noch keine hundert Meter gegangen, als ich ein prachtvolles Männchen entdeckte, das damit beschäftigt war, einen erbeuteten Maikäfer zu verschlingen. Wie ein Rekrut im zweiten Ausbildungsmonat lag ich blitzschnell am Boden, holte die Kamera aus dem Rucksack, kroch vor und legte an: Der erste Schuss ein mittlerer Volltreffer! Der zweite, bereits mit dem Spiegel, den man in die Erde stecken kann, im Anschlag, ein voller Volltreffer. Hintergrund, Licht, Farbgegensätze – alles als „Erste Garnitur“! So ging es dann weiter. Auf einem kleinen Abhang, der vom Weinbau ausgespart worden war, richtete ich mich im Schatten eines Gebüsches ein, um erst einmal einen Überblick zu gewinnen. Verstecke für die Eidechsen, die sie im Hochsommer wegen der Hitze genauso dringend brauchen wie im Winter gegen die Kälte, gab es allerorten. Und als ich mich umgesehen hatte, entdeckte ich ein halbes Dutzend Tiere, die sich entweder sonnten, wie die Weibchen, oder Männchen, die auf Entdeckung aus waren. Alle Männchen hatten ihren tiefblauen Hochzeitsanzug angelegt und prangten damit, indem sie die Köpfe hochtrugen und die Hälse hin- und herschwenkten. Ich musste entscheiden: Sitzen bleiben und auf Besuch warten oder anschleichen? Da nahm mir ein Männchen die Entscheidung ab: Es gesellte sich zu mir und erkletterte meine Schuhe, um einen erhöhten Standpunkt zu erlangen. Ich ließ es erst einmal gewähren. Ob es hören konnte, versuchte ich mit einem blechernen Geräusch hinter meinem Rücken zu erforschen; keine Reaktion. Also war das Sehen ihre Hauptsache. Zwar glauben Herpetologen, dass vor allem Schlangen auch geringste Erschütterungen des Bodens verspüren und einschätzen können. Ich konnte mit zwei Methoden genau beobachten, dass sowohl winzige als auch offene Bewegungen sofort wahrgenommen werden. Die winzige war mein kleiner Finger, dessen Auf- und Abbewegung sofort registriert wurde, die offene verursachte ein Turmfalke, der über uns „rüttelte", (Flügelbewegungen, um in der Luft „stehen" zu können). Aha, dachte ich, der ist nicht nur Mäuse-, sondern auch Eidechsenjäger!

Um das Männchen auf meinem Schuh fotografieren zu können, musste ich die Kamera langsam vom Boden aufnehmen und ausrichten. Das ließ „Echsi", so sein neuer Taufname, ruhig zu. So dass ich kecker wurde. Würde ich ihn füttern können? Das war ein Versuch wert. Hinter mir stand ein Gebüsch, das einen dünnen Ast abzweigte. Ich brach ihn ab, er war nun einen Meter lang und geeignet, einen dünnen Streifen des Schinkens, den ich vom Butterbrot nahm, aufgesteckt zu bekommen. Behutsam schob ich den Köder vor, bis er fast das Schnäuzchen Echsis berührte und ihn erschrak. Werte Leserschaft, ob du‘s glaubst oder

nicht: Echsi schnüffelte natürlich nicht, aber er kostete! Anders konnte ich es nicht deuten, als seine Zunge wie eine Schlangenzunge über den Happen fuhr, ihn vom Stock zog und verschluckte. „Smaragdeidechse mit Schinken gefüttert“ konnte ich mir den Titel eines Filmes vorstellen – doch gefilmt wurde hier leider nicht! Ich kam noch an diesem ersten Tag und allen weiteren zu guten Fotos, welche heute bereits den Weg der Vergänglichkeit gegangen sind. (Digitalbilder halten sich hoffentlich länger).
Im Spätsommer, so gegen Ende August, als die größte Hitze abgeklungen war, erschien ich wieder hier am Eichberg. Da ging es um Echsis und seiner Kollegen Kinder, die dann geschlüpft sind. Sie sind ganz zarte Wesen, die sofort auf kleine Heuschrecken und Fliegen Jagd machen – schließlich müssen sie für den Winterschlaf, den sie instinktiv antreten, fit und gerüstet sein. Wenn sie im April wieder in Tageslicht und Wärme erscheinen, haben sie Größe und Gewicht trotz des langen Schlafs verdoppelt.

Die Langen von Schlangenbad. Ein Naturfotograf hat eigentlich wenig Zeit, außer, wenn er sie bei Ansitzen haben muss. Darum frage ich gern Einheimische nach bestimmten Motiven, um sie nicht mühsam entdecken zu müssen. Ein Terrarienhalter der Stadt gab an, zu wissen, wo in der Gegend von Schlangenbad im Taunus die Äskulapnattern (*Elaphe longissima)* anzutreffen sind. Dem Äskulap, altgriechischer Gott der Heilkunst, dessen Stab sie einst umringelt haben sollen, verdanken sie ihren Namen. Diese Schlange ist die größte Deutschlands und auch die attraktivste, dazu, wie ich schon erwähnt habe, die einzige Würgeschlange. Wie ich erfahren sollte, auch die schnellste. Um auf sie vorbereitet zu sein, durchwanderte, nein durchschlich ich ihre Reviere, die mir der Terrarienfreund beschrieben hatte. Er wies besonders auf die vielen Stumpen einst gefällter Bäume hin, welche zum Sonnenbade benutzt wurden. Nun stand ich vor einer solchen Fläche und wusste nicht, wohin sich wenden? Aha, da hat jemand wie ich gedacht, - vielleicht war's der Förster -, und einen Jagdsitz in drei Metern Höhe errichtet. Nichts wie hinauf! Nichts wie das Fernglas hervor, nichts wie an die Augen gehoben und die Fläche abgeleuchtet! (Jägerausdruck fürs Beobachten).

Circa fünfzig solcher Baumstumpen lagen vor mir, nicht alle von der Sonne beschienen, und es war beste Vormittagszeit für ein Sonnenbad ohne Überhitzung. Ich konnte mir nicht vorstellen, dass jetzt alle Liegeplätze vakant sein würden. Richtig vorgestellt: Keine zehn Meter entfernt sah ich das kupferne-silbrige „Fell" einer entrollten Schlange liegen. Weil Äskulapnattern unverwechselbar sind, war ich sicher, hier fündig geworden zu sein. Kurz die Lage „angepeilt": Mit Sonne im Rücken erst einmal bis an den Nachbarbaum anpirschen und die Möglichkeit erkunden, wo dieses herrliche Tier am fotogensten erscheint.

Der Fichtenstamm, hinter dem ich Stellung bezog, war dick genug, mich zu verbergen. Aber: Aus Sicht der Schlange wird ein Drittel meines Gesichts und fast die ganze Kamera zu sehen sein! Der Vorteil einer Motorkamera ist hierbei, dass man keine Bewegungen für den Filmtransport zu machen braucht. Also ran ans Gewehr! Es klappte besser als geahnt, denn diese Longissima schien zu schlafen und wachte nicht einmal auf, als ich nun, mutig geworden, in die Hocke ging, mich dann auf den Bauch legte und bis auf fünfzig Zentimeter heranrobbte.

„Da hamse nettig Schwein gehabt“, sagte jemand hinter mir und trat dummerweise näher. Im Nu „fetzte“, ja „brauste“ die Schlange davon. Nun, so kann es gehen in freier Natur! In den nächsten Tagen voll günstigstem Licht gelangen mir sogar Aufnahmen, wie eine Schlange eben die gefangene Maus umwickelte, um das arme Wesen zu erwürgen…

Froschkönig Rana. Er soll der Held dieser dritten Abenteuer-Geschichte werden. Auch wenn meine Leserschaft meinen könnte, „es sei genug der Frösche gewesen“.

Sein Reich bestand aus ein paar Metern Straßengraben. Ein dicker Felsstein, der aus dem Wasser ragte und den ich ihm als Sitzplatz angeboten hatte, bildete seinen Thron. Er war ein kapitaler hochgrüner Wasserfrosch, fast schon ein Ochsenfrosch, und wenn die Morgensonne in den Graben fiel, bestieg er den Thron und thronte damit über zahlreiche mittlere und kleine Untertanen. Von der Straße aus hatte ich Rana schon mehrfach erfolgreich mit einem Teleobjektiv abgelichtet, jetzt stellte ich mir die schwierige Aufgabe, einen seiner Metersprünge ins Wasser für die Ewigkeit festzuhalten. Einige Versuche, das per Handauslösung zu schaffen, waren gescheitert: Ehe ich den Finger krumm machte, war er schon untergetaucht. (Ich verweise auf das beigefügte Sechserbild!)

Also her mit der automatischen Lichtschranke, welche die Hasselblad 500ELM verzögerungsfrei auslöste! Weil Rana, wenn er sich sonnte, immer mit dem Kopf zum Wasser, das war sein Fluchtweg, dasaß, musste ich den Auslösepunkt so einrichten, dass er sich schon in der Luft befand. Als alles fertig aufgebaut war, brauchte ich nur zu warten, bis Rana seinen Stein bestieg, was er regelmäßig von der

Gegenseite her tat, und ihn dann von hinten angehen – prompt erhob er sich und sprang und ebenso prompt in die Aufnahme hinein!
Um eine komplette Sprungserie zu erreichen, legte ich den Auslösebereich der Falle immer weiter in Richtung Wasser. Es waren hundert Aufnahmen an fünf Sonnentagen notwendig, um die Serie „in hohem Sprung ins Wasser" fertigzustellen; die Hälfte der Aufnahmen war aus verschiedenen Gründen unbrauchbar und ich muss zugeben, dass die gezeigten sechs Aufnahmen nicht in der dargestellten Reihenfolge entstanden sind. Kaum war meine Arbeit beendet, da setzte „drei Tage Monsunregen" ein und schwemmte König Rana und alle seine Untertanen dem Bullerbach zu, der irgendwo in einen größeren mündete, der wiederum in die Ems ging – die als kürzester Strom Deutschlands in der Nordsee ihr Ende findet. Wasserfrösche sind stark genug, mittlerer Strömung zu trotzen und an Land zu gehen.

Brillenkaiman Karlchen schaute uns im Schaufenster des Tierhändlers so treuherzig an, dass wir ihn in den nächsten Tagen zu kaufen beschlossen. Erst musste sein Heim fertig sein. Weil er selbst nur zwanzig Zentimeter lang war, genügte ein Flachwasser-Terrarium von einem Quadratmeter völlig. Es war in zwei Tagen fertig zusammengebaut, mit Kunstharz bestrichen und abgedichtet und in einer Ecke mit einem richtigen Abfluss versehen, wie Waschbecken sie besitzen. Die Probe auf Dichte fiel positiv aus. Jetzt noch einen natürlichen Stein so ins Wasser, dass er oben trocken lag und Karlchen sich bequem auf ihm niederlassen konnte. Von oben sollte das Becken mit einer Infrarotlampe und unter Wasser mit einem Stab beheizbar sein.

Kaimans sind Tropenbewohner und benötigen mindestens 28 Grad Wassertemperatur, wenn sie jung sind. Dieses einfache aber zweckmäßige Biotop wurde auf einen Teewagen montiert, den man, je nach Tageszeit der Sonne folgend hin- und herfahren, aber auch gut fotografieren konnte.

Warm eingepackt wurde Karlchen geholt und eingesetzt.

„Wenn ihr ihn“, riet der Händler, „mit Lebendfutter wie Stichlingen, jungen Rotaugen und dergleichen statt mit Leber oder Pferdefleisch füttert, wird er vorzüglich wachsen und euch treu ergeben sein.“

Ja, ein Fischzug mit Netz im Rinnbach brachte sofort dreißig Jungfische ein, die in einem Aquarium auf Vorrat gehalten wurden. Karlchen nahm das Rotlicht an und ruhte dort Dreiviertel des Tages. Um so früh wie möglich „Baby-Aufnahmen“ von ihm zu besitzen, brachten wir ihn anderntags bei warmem Wetter und einer Temperatur des Flachwassers zum Rinnbach, wo er sich so gut fotografieren ließ, dass die Aufnahmen später als „tropische“ verkauft werden konnten. Nicht einmal dreißig Minuten hatte sich Karlchen, ein Wildling aus Florida, in diesem urdeutschen Bachlauf aufgehalten – zu lange! Er verweigerte die Nahrung und starb drei Tage später friedlich an Lungenentzündung – diagnostizierte der Händler.

Karlchen II. machte es länger. Wir haben viel Spaß an ihm gehabt, wurden viel gebissen und mussten ihn nach drei Jahren abgeben, weil er mit 110 Zentimeter Länge über sein Domizil hinaus gewachsen war. Er wurde dem Zoo verehrt, anderen Jungkrokodilen beigesellt und erkannte uns bei Besuchen – bildeten wir uns jedenfalls ein.

Feuersalamander Lurchi wurde Terrarianer Ulrich vor die Haustür gestellt. Das wurde der Anstoß, es mit ihm oder ihr, je nachdem, zu versuchen. Er war eine sie, denn im mustergültig eingerichteten Aqua-Terrarium mit kaltem Wasser aus dem Kran, das im Kreislauf den Käfig durchfloss, schwammen eines Tages winzig Salamanderkinder. Lurchi war also schwanger gewesen. Dass dieser Terrarianer auf dem richtigen Weg war, - damals in den 70er-Jahren -, beweist die Tatsache, dass die jungen Salamander es tatsächlich bis zum Landgang schafften, dann aber eingingen. Ulrich besaß im Garten ein Planschbecken ähnlich jenem, das ich aus meiner Kindheit her ausführlich beschrieben habe. Dort richtete er im nächsten Jahr einen Lebensraum her, den er einem echten abgeguckt hatte.
Zahme und gezüchtete Feuersalamander waren damals nicht zu haben, wurden auch nicht angeboten. So fuhren wir in den nahen Teutoburger Wald bei Iburg und krempelten sein Altholz, gestürzte Baumstämme und Steine um und wurden fündig: Zwanzig Feuersalamander fanden wir, deren sechs kräftigste wir mitnahmen und im neuen Biotop ansiedelten. Wie alt mögen solche empfindlichen Kreaturen werden? Leben sie in Gefangenschaft länger als in Freiheit? Sie machten es über einen Winter hin, vermehrten sich aber nicht und waren plötzlich verschwunden…

Bartagame „Schnucki", (*Amphiblurus barbatus)*, in Australien massenhaft vorkommend, aber in Europa geboren, war ein Menschentier, soll heißen, hatte eigentlich an Lebewesen nur Menschen gesehen, seit er aus dem Ei gekrochen war – vor zwei Jahren, wie sein Besitzer versicherte. Wer sollte solch einem netten Kerl auch Leid antun!

Weil Schnucki nicht der schnellste ist, durfte er an unserem Gartenleben teilhaben. Zum Weglaufen war er zu träge, klettern konnte er gut, so dass man aufpassen musste, ihn nicht zu nah an eine Hauswand kommen zu lassen, und große Bäume gab es hier nicht. So fühlte er sich sauwohl, vorausgesetzt, seine Betriebstemperatur war erreicht, auf einem Nachmittags-Kaffeetisch mit von der Partie zu sein. Von einer Erdbeertorte organisierte er sich Erdbeeren, von einer Kirschtorte eben Kirschen, und so weiter und verschmähte auch Happen einer Käsetorte nicht. Er wusste, dass es Mitesser gab, nämlich geflügelte wie Brummer, Stubenfliegen, Bienen und Wespen und traf seine Auswahl. Die uns fragen ließ, wieso er wusste, dass letztere stechen können.

Auch der friedlichste Terrarianer kennt seine Pfleglinge nicht so genau, dass er ihre Gedankengänge erraten kann. Darum konnte er einmal ausbüxen. Frauchen telefonierte einmal so intensiv und lauschte spannenden Familiengeschichten, dass Schnucki die Gelegenheit nutzen konnte und sich verdrücken wollte: Nebenan ein dunkelgrünes Thujagebüsch lockte wohl. Prompt stürzte er sich vom Tisch und war schon im Unterholz untergetaucht, - darum „Unterholz" genannt -, als Frauchen das noch sah.

„Alarm!"

Aber Schnucki nachspüren? So weit ging die Tierliebe nicht! Und weil es dunkelte und Herrchen weit und breit nicht aufzufinden war, musste die Suche bis zum nächsten Tag verschoben werden. Der Boden unter den Thujas war im Lauf der Jahre infolge Laubabfalls um zwanzig Zentimeter angestiegen und leicht mit behandschuhten Händen abzutragen.

„Irgendwo darin muss er stecken, denn er wird nachts nicht gewandert sein."
Nachdem eine Schubkarre Material abgetragen worden war, sah man Schnuckis Schwanz, fasste nach vorne zu und zog ihn hervor. Doch sein Charakter hatte im Lauf der Nacht eine Metamorphose durchgemacht: vom Schmuse- zum Raubtier! Also zurück mit ihm zum Vorbesitzer…

Ein Terrarianer, der gleichzeitig Gartenbesitzer ist, hat mir berichtet. Plötzlich waren sie da – **Laubfrösche.** In einem Teich, der keinerlei Verbindung zu Gewässern hat. Ihre Ankunft wurde optisch nicht wahrgenommen, aber akustisch. Denn die Männchen sind in der Brutzeit eifrige Quaker und Rufer beginnender Abenddämmerung bis in die Nacht hinein. Wahrscheinlich schon im Herbst des Vorjahres waren die Tiere zwecks Winterschlaf in diesen Teich gewandert, auf Strecken, die niemand ermitteln kann. Unser Laubfrosch ist der aktivste der Amphibien, die bei uns vorkommen. Seine Grünfärbung wäre auffällig, wenn er sich nicht im Grünen aufhalten würde. Dort lauert er auf kleine Insekten, Grashüpfer, Blattläuse und Käfer, die er, wenn nötig, mit einem großen Sprung zu erbeuten weiß. Wie üblich schlüpfen aus den Eiern der Weibchen, falls sie von den Männchen besamt worden sind, die kleinen Kaulquappen, die so lange im Wasser leben, bis ihre Metamorphose vollendet ist und sie an Land steigen können.

Derselbe Gärtner durfte sich auch über Rufe erfreuen, die im nächsten Jahr aus dem Flachwasser des Teiches ertönten und von **Unken** stammten, die ebenfalls aus unbekannten Gründen eingewandert waren. Rot- und Gelbbauchunken sind nicht immer einwandfrei zu bestimmen und auseinander zu halten, weil die Farben ihrer Bauchseiten variieren. Sie gelten als die scheuesten unserer Amphibien und verstummen sofort, wenn sie Verdacht geschöpft haben oder ein Schatten auf sie fällt. Ihre Paarungszeit währt den ganzen Sommer lang, die Eier werden einzeln an Wasserpflanzen und treibenden Hölzern abgelegt. Erst im September oder Oktober verwandeln sich die Larven zu fertigen Tieren. In kalten Gegenden wie im Gebirge oder bis nach Skandinavien hinauf stoppt dieser Vorgang und wird im nächsten Frühjahr fortgesetzt.

Rettung des **Rana temporaria.** In unserem neu angelegten Gartenteich trug sich eine tragische Geschichte zu, welche zum Eingreifen zwang. Einen Sommer lang beobachtete ich, dass sich die Grasfrösche der Umgebung an unseren Teich heranmachten, sich paarten, ablaichten und Kaulquappen in großer Menge im Teich herumruderten. Nur zwei Wochen lang und ehe sie sich verwandeln konnten, waren sie erst einmal „unbekannt verzogen". Hatte sie jemand abgefischt? Im nächsten Sommer passten wir auf und stellten die Übeltäter: Es waren Gelbrandkäfer, Wasserskorpione und Libellenlarven. Und sogar Amseln, welche die Kaulquappen herauspickten, wenn diese sich im Flachwasser des Teiches aufhielten, das meist wärmer ist als das tiefere. Wir fassten den Mut, gegen Naturschutzgesetze zu verstoßen, fischten die Quappen aus dem Teich und versetzten sie in ein großes Aquarium, das im Garten aufgestellt wurde. Eine hölzerne Aussteighilfe ermöglichte es ihnen, an Land zu steigen. Wir sammelten den Großteil auf und verfrachteten sie in ein geeignetes neues Biotop, den Rest beließen wir im Garten und eine neue Population entstand.

Tier- und Fotoabenteuer in fremden Gefilden

Inzwischen war ich in den Ruf eines „Wildfotografen“ geraten. 1971 wurde die „Gesellschaft Deutscher Tierfotografen“, kurz GDT geschrieben, von mir mitbegründet, die heute noch existiert. Zu dieser Zeit war es völlig klar, dass mich mein Fotografier-Trieb in die Ferne zwang.

„Wo in Übersee?“, fragte ich mich und Kenner, „ist am meisten Fotobeute zu machen?“

Die Antwort war überall gleich: **„In Ostafrika!“** Und da war ich dann auch auf meiner ersten „Weltreise“. Ich beschreibe die Fotoausbeute hier natürlich nur unter der Brille eines fotografischen Amateur-Herpetologen, andere Sichten schilderte ich in „Meine Wildtiere und ich“, das bereits erschienen ist und in „Meine Vögel und ich“, das erscheinen wird. Es ließ mich in der Reisegruppe, - alles fotowütige, auf Löwen, Elefanten, Nashörner und Giraffen erpichte Fotoamateure -, wie ein Sonderling erscheinen, dass ich meine Kamera auf Agamen, Schildkröten, Schlangen, Leguane und Kröten richtete.

99 Prozent aller Reisenden in die ostafrikanischen Nationalparks bekommen keine Schlange zu sehen. Ich war noch nicht einmal eine halbe Stunde im Nairobi-Park unterwegs, als ich eine Python entdeckte, die eben ein Dik-Dik zu verschlingen versuchte. Leider untersagte der Fahrer auch nur ein sekundenlanges Aussteigen, um rasch ein paar Fotos zu machen. Dann kreuzte ein Wüstenwaran die Straße, den er glatt zwischen die Räder nahm und überfuhr, ohne ihn zu berühren. Die Mitfahrenden hatten auch etwas dagegen, dass wegen einer wunderbar gezeichneten Landschildkröte angehalten wurde. Alle die an den Kilometersteinen sich

sonnenden Siedleragamen, zum Teil grell unübersehbar gefärbt, nahm niemand zur Kenntnis.

Erst an der Lodge war Gelegenheit, diese hübschen Tiere zu fotografieren und auch in die Hand zu nehmen. Einen netten Wärter beauftragte ich, mir für den morgigen Tag ein Chamäleon zu besorgen. Das klappte gegen einen Dollar. Als ich ihn fotogerecht auf einen Ast und ins Licht setzte – ja, da kamen diese Schnorrer an und wollten mitfotografieren. Abends am Wasser gab es Nilkrokodile mit Blitzlicht zu fotografieren, und als ich dem begleitenden und eventuell beschützenden Boy ein Trinkgeld gab, führte er mich an einen Baum, leuchtete ihn mit der Taschenlampe an und zeigte mir eine schlafende Boa – flutsch, schon öffnete das Blitzlicht ihre Augen und sie schaute uns interessiert an.

Vor afrikanischen Giftschlangen muss man sich natürlich in Acht nehmen. Da ist zuerst die Puffotter *(Bitis arietans)* zu nennen, auf deren Konto die meistens Unglücksfälle gehen sollen. Kriecht sie schwerfällig auf dem Boden, kann man sie von oben gut ablichten. Es gibt wichtige Vorsichtsmaßnahmen für Alleinreisende, die beachtet werden sollten.

Für eine Jagdzeitschrift, deren Leser viel zum Jagen und Schießen in Afrika weilen, habe ich damals ein paar Tipps und Informationen verfasst, die ich hier wiederholen möchte:

„Alle Schlangengifte führen zunächst zur Lähmung, denn sie ist der Sinn der ganzen Sache. Je kleiner ein gebissenes Lebewesen ist, desto bedrohlicher ist ein Biss. Der Mensch kann sich leicht durch stabiles Schuhwerk vor Bissen schützen, doch Millionen von Menschen in den gefährdeten Gebieten der Erde besitzen keine Schuhe. Und es sollte betont werden, dass eigentlich alle Schlangen, sogar die ganz großen, vor uns rasch und unauffällig die Flucht ergreifen und nur in Bedrängnis sich zu verteidigen suchen. Diese Bedrängnis kann ungewollt herbeigeführt werden: Indem wir auf die Schlange treten oder sie sonst an der Flucht hindern. Es gibt Afrika- und Asienreisende, die auf all ihren Wanderungen und Fahrten noch nie eine Schlange gesehen haben. Wir stellen nun im Folgenden einige markante Vertreter der Giftschlangen vor, die in verschiedenen Ländern bei der Pirsch, beim Ansitz, in festen Unterkünften und lockeren Zelten angetroffen werden können. Ehe man sich geruhsam niederlässt, sollte man durchaus Lärm schlagen und niemals barfuß laufen. Abgestellte Stiefel und Schuhe sind ideale Verstecke für Schlangen, auch Autos mit geöffneten Türen. In Afrika fallen den Giftschlangen Puffotter, Gabunviper, Mamba und Kobra jährlich Tausende Menschen zum Opfer. Und der ganze Kontinent ist mit Serum unterversorgt, man verlasse sich also als Tourist nicht darauf, dass geholfen werden kann. Das Gift der genannten Schlangen kann innerhalb dreißig Minuten zum Tod führen. Serum kaufen und mitnehmen? Impfungen mit eigener Hand und ohne ärztliche Aufsicht sind problematisch...“

Wasserschildkröten gab es an jedem kleinen Tümpel bis zum Strom, und wo sie von Touristen viel besucht werden, verlieren sie ihre Scheu. So verhalten sich auch Warane, die bei einigen Lodges Happen aus der Hand nehmen. Geckos auf den Zimmern oder in den Essräumen? Nichts Besonderes, sie fangen lästige Insekten, Kakerlaken und Asseln weg. Hübsch und sehr flink sind überall die Eidechsen, die erst beachtet werden, wenn sie beim Picknick jagend um Touristen und über sie rennen. Sie müssen überall höllisch aufpassen, denn alle, ja alle Fressfeinde machen Jagd auf sie. Von Reisenden völlig übersehen werden Frösche, Kröten, Unken und Salamander.

In den am Ufer sehr flachen Seen Ostafrikas gibt es eine Zusammenballung von Fröschen, die eine Vorstellung davon vermittelt, wie unsere Gewässer einst zu Römers und der Germanen Zeiten ausgesehen haben. Das Wasser brodelt und kocht von ihrem sexuellen Treiben, hier quaken zehntausend Stück um die Wette, dort hüpfen tausend gleichzeitig aus dem Wasser, wenn ein Krokodil unter sie fährt und sich fünfzig und hundert von ihnen in den Rachen schaufelt. Alle Stelzvögel, die sich von Fröschen und Fischen ernähren, brauchen bloß ihren Schnabel senkrecht zu stoßen, und schon zappelt ein Frosch in ihm. Die Akrobatik, mit der ein Reiher seine Beute passend in den Schnabel bekommt, ist sehenswert: Er wirft ihn in die Luft und fängt ihn mit geöffnetem Schnabel auf. Da gab's viel zu sehen und wenig zu fotografieren.

Während andere fotografierende Touristen mit 500 und mehr Fotos der „big Five“ nach Hause flogen, hatte ich 200 „herpetologische“ Bilder im Kasten – sie brachten mehr Honorare ein als Massenbilder!

In Florida, in den Everglades. Wer sich für Reptilien & Co interessiert, wähnt sich dort im Paradies. Ob er nun fotografieren, filmen oder beobachten will. Auf den Trails, die durch den Urwald führen, haben zwar ab April Moskitos die Herrschaft übernommen, aber man soll eben vorher dort auftauchen. Auch Ornithologen finden hier ihre

Traumwelt. Fast alle Tiere sind seit Jahrzehnten vorbeigehende und mit Stativen hantierende, schwatzende und lachende Menschen gewohnt. Selbst scheue Giftschlangen lassen sich beim Ruhen, Fressen und Wandern nicht stören. Das gilt natürlich nur für den Bereich der Wege und Wegränder. Da hockte in der Mitte eines keinen Quadratmeter messenden Tümpels eine langhalsige Schildkröte unbestimmbarer Art und hatte nichts dagegen, dass ich mich nur mit einem Normalobjektiv und Vorsatzlinde auf zwanzig Zentimeter heranschob. Ihr nasser, in der Sonne ungemein leuchtender Kopf blieb hoch aufgerichtet. Als ich solch ein 6x6-Diapositiv in einem Vortrag auf der Leinwand zeigte, ging ein „A“ und „O“ durch den Saal

Ein Klotz von Alligator mit einem Einmeter-Maul und einer Körperlänge von vier Metern lag auf seinem Lieblingsplatz am Ausstieg aus dem Sumpf und konnte von oben in Aufsicht fotografiert werden – eine Mauer schützte freilich jeden Menschen und warnte vorm noch näher Herangehen. Wen solch ein kapitaler „Saurier“ einmal gepackt hat, der ist verloren. Auf einer Bootsfahrt durch die Sumpflandschaft sah ich, wie das vor sich geht. Ein unvorsichtiger Junghirsch, der überall seinen Durst hätte stillen können, musste dies just dort tun, wo zwei Alligatoraugen ihn beobachten konnten. Der Besitzer dieser Augen tauchte unmerklich ganz unter und direkt vor dem Hirsch wieder auf: Als Rakete, die von einem U-Boot abgeschossen wird. Der Rachen umfasste das Maul des Hirsches und zog ihn augenblicklich wie automatisch ins Wasser. Dort machte der Alligator ein paar Rollen vor- und rückwärts und brach ihm das Genick.

Ein Purpurreiher übernahm sich, wohl denkend, der Vorüberschwimmende sei ein Aal, den er leicht verputzen könnte. Doch es war eine Wassernatter nicht bestimmbarer Art, die ihn nun, weil der Reiher instinktiv denjenigen, den er erbeutet hat, nicht loslassen kann, sozusagen erlegt. So wurde erst sein Schnabel, dann Kopf und Hals von der Natter umwickelt, bis er das Gleichgewicht verlor und ins Wasser stürzte und ertrank. Die Schlange löste sich umständlich und schwamm davon.

Eine Alligatorfarm ist für einen Naturfreund das Letzte, was er sich ansehen möchte. Ich bin nicht so pingelig, wenn's um Wissen, Erfahrung, Lernen und Bildermachen geht. Sie, diese Farmen, sind freilich ein Beispiel, wie man mit Tieren nicht umgehen sollte. Aber man hört dann von den Besitzern das Argument, ob das, was Landwirte mit Geflügel und Schweinen anstellen, tiergerechter sei? Wenn eine Reihe von, sagen wir einmal, einem Dutzend Krokodilen einen ganzen Vormittag mucksmäuschenstill daliegt und aufs Futter wartet, mag das noch angehen. Aber dann sind genügend Zuschauer eingetroffen und die Schau beginnt.

„Am liebsten", informierte mich der Veranstalter, „würden wir in das Krokodilgehege ein paar Antilopen und Gazellen einlassen, damit's eine nette Jagd gibt und die Zuschauer auf ihre Kosten kommen – aber wir dürfen's nicht tun – wegen der Tierfreunde, verstehn'se!"

Was ich hier bei den US-Amerikanern an Alligatoren, Kaimans und anderen Krokodilen erlebt, gesehen und fotografiert habe, beeinträchtigte meine Auffassung zu solcher Tierhaltung schon einigermaßen negativ, aber doch duldsam und irgendwie notwendig. Doch dann stockte mir der Atem, als ich Reptilienfarmen, wie sie sich nennen, in Asien besuchen durfte. Da stockte nun auch der Verschluss meiner Hasselblads, als hätten sie lebendes Gespür für Abscheulichkeiten in sich. Doch ich möchte die Zustände dort nicht beschreiben, weil sie einerseits hier nicht hingehören und ich mir harsche Kritik als Reisender nicht erlauben kann. Auch verkneife ich es mir, nach Jahren die dort gemachten Fotos vorzuzeigen. Es kann sich ja vieles geändert haben. Ich möchte nur eines sagen: Wenn solche Krokodilfarmen zum allgemeinen Gesundsein, zur Forschung und zum Sattwerden armer Schlucker dieser Erde gehalten würden – nun denn! (Ich verrate hier nicht, was aus ihren Körpern gemacht wird). Ich kannte dort nur noch einen Trieb: So schnell wie möglich und grußlos nach Hause und noch einmal in die Staaten!

Wie man Klapperschlangen wütend macht! Wagte ich Ranger Fred gar nicht zu fragen. Denn er war früher einige Jahre bei Film und Fernsehen beschäftigt gewesen und wusste, wie dort gemogelt, geschummelt und „getürkt" wurde - „Manipulationen überall", sagte er und kramte eine Ausgabe des „Stern" hervor, welche eine damals berühmte „echte" Fotografie eines Tierkampfes zeigte. Man erinnert sich vielleicht: Auf einem freien sonnigen Platz Ostafrikas steht ein über alles aufgebrachtes Pavianmännchen einem Leoparden gegenüber, der es offensichtlich erlegen und aufessen will. Nichts Besonderes dort, das in irgendeiner Art und Weise täglich vorkommen wird.

„Schauen Sie sich das Foto genau an", riet Fred, „und sagen Sie mir, was Sie davon halten."

Ich tat wie geheißen und wusste sofort, worauf er hinaus wollte.

„Die beiden Tiere kennen sich“, sagte ich, „und haben eine solche Darstellung schon öfter geübt. Sie sind in einer Tierfarm in Montana gemeinsam aufgewachsen und werden sich niemals an den Wickel gehen, wie die Deutschen sagen. Wenn in freier Wildbahn ein Pavian, und sei es der Herden- und Familienführer, so unaufmerksam ist, dass ihn ein Fressfeind in deckungslosem Gelände stellen kann, dann ist er sofort verratzt – wie wir Deutsche es auch sagen.“

Fred nickte mir aufmunternd zu und schien noch mehr zu erwarten. Ich enttäuschte ihn nicht.

„Außerdem“, fuhr ich fort, „sieht man auf dem sandigen Gelände des Tatortes jede Menge Reifenspuren. Soll ich noch mehr erzählen?“

„Nein danke, Sie sind der erste Betrachter des Fotos, der solche Details entdeckt hat – wir verstehen uns, Sir.“

Fred galt hier als der Alleskenner der Wüste Mojave von Nevada, wo wir uns befanden.

„Ob man einen Rennkuckuck sehen will, sich von einem Gilatier beißen lassen möchte oder den Biss einer Klapperschlange bevorzugt“, sagten die Leute, „Fred kann alles besorgen und lässt alle Lebewesen nach seiner Pfeife tanzen.“

Nun, so viel verlangte ich nicht und war mit guten Fotos von Klapperschlangen höchst zufrieden.

„Schlangen“, wusste Fred, „können langweilig aussehen, wenn sie herumliegen und auch von der Beleuchtung her nicht fotogen sind. Wir werden ja sehen, folgen Sie mir in die Wüste.“

Wir gingen, sahen und fanden. Schlangen lieben die Vormittagsstunden und können die Mittagshitze gar nicht vertragen. Am Abend kommen sie dann noch einmal aus ihren Verstecken, meistens hungrig und ziemlich aggressiv aufgelegt.

„Sie gewöhnen sich an“, erklärte Fred, „immer wieder jene Stellen zum Sonnen und Ruhen aufzusuchen, die ihnen gefallen, Deckung bieten, keine Einsicht von oben gestatten und wo sie kaum nicht gestört werden können. Eine Schlange wie eine Klapperschlange ist meistens sehr inaktiv, kennt ihr Revier und erweitert oder verlässt es ungern. Man muss bedenken, dass auch sie ihre Fressfeinde haben wie jedes Getier und dass ihr Giftapparat keine Verteidigung darstellt, sondern nur die Aufgabe hat, eine Beute zu töten. Keine Giftschlange kann überleben, wenn sie nicht jene Beute frisst, die sie selbst getötet hat – das ist ein kompliziertes Zusammenspiel von Zweckmäßigkeit und Erfordernis.“

Er redete ohne Pause und erinnerte mich an einen Wasserfall, der auch keine Pause macht – normalerweise! Aber er war zweifellos ein prima Kerl und sehr hilfsbereit. Er erklärte noch, während wir gingen und sein Hund Freddy uns schnüffelnd vorauslief, was mir schon von den Kreuzottern her geläufig war:

„Eine Schlange, die knapp einen Meter lang ist und gereizt ihren Kopf ein Stück zurückbiegt, um zum Stoß auszuholen, kann einen Schuh, den Fuß oder das Bein eines Menschen nur erreichen und wirksam zubeißen, wenn diese nicht weiter als einen Meter entfernt sind. Nachhaken und verfolgen tun sie ja nicht.“

Freddy knurrte und blieb mit aufgestellten Haaren vor einem mittleren Gebüsch stehen, das ungefähr einen Meter Schatten warf.

„Na, da haben wir ja unseren ersten Kandidaten", stellte Fred fest.

Ja, in diesem Schatten lag eine helle gelbbraun gezeichnete Klapperschlange, deren korrekten Namen er nicht kannte und den ich später auch nicht finden konnte. Ich musste versuchsweise die Kamera hin- und herschwenken, so getarnt sah sie im Sucher aus, und ein Tarnbild wollte ich ja auch machen. Aber hier musste Licht her, und zwar kein Blitzlicht! Das Licht, die Beleuchtung? Kein Problem, einen aufklappbaren oder Rasierspiegel habe ich immer im Gepäck.

Fred setzte, wie er sagte, zum Test an, um herauszubekommen, wie aggressiv diese Schlange hier sei.

„Es gibt unterschiedliche Charaktere oder auch Launen", sagte er, „und es ist gut, darüber Bescheid zu wissen."

Er sah mich plötzlich merkwürdig an:

„Sie haben doch keine Angst, oder?"

„Keine Spur, Sir, bin ein alter Hase, wie man in Germany sagt, wenn man ausdrücken will, erfahren zu sein."

Wir, Freddy jetzt hinter uns, umrundeten den Tatort und zogen schließlich den Kreis so eng, dass wir weniger als einen Meter von ihr entfernt waren. Ihr Dreieckskopf erhob sich etwas über dem eingerollten Körper und ihre gespaltene Zunge, - Indianer-Ausdruck bei Karl May -, zischte allmählich hin und her, auf und ab, und das im Sekundentakt. Fred hält seinen Fangstock bereit, der nichts anderes ist als eine Zange mit Stiel, wie man sie bei uns zum Müllaufsammeln kennt.

Jetzt leuchtete ich die Schlange an und war fasziniert, wie sie sich im Licht verändert darstellte: Ihr Augen leuchteten „giftig" wohl wegen der Störung, ihr Schwanzende war aufgestellt und der Rasselapparat daran bewegte sich

schon, rasselte aber nicht – alles in allem das typische Verhalten einer Warnung. Während Fred Wache stand und die Schlange im Ernstfall niedergehalten hätte, richtete ich mich zwei Meter vor ihr ein: Auf den Boden knien, das Bodenstativ stellen, die Hasselblad mit dem Sonnar 250 bestücken und sich hinter ihr bücken – so würde mir nichts passieren können. Denn Giftschlangen wie diese, ich erwähnte es schon, sind träge und blitzschnell nur im Zuschlagen ihres schrecklichen Gebisses.
Jetzt tickte Fred die Schlange sachte mit seinem Stab an, damit sie den Kopf noch höher hob und ihre Zunge noch weiter ausstreckte und spielen ließ. Ich muss sagen, dass dieses Spiel Spaß machte, zumal wir ja das Tier nicht über Gebühr anstrengten „und wütend machten“. Nach einigen Frontaufnahmen, die nach meiner Meinung über alle Maßen positiv ausfielen, erhob ich mich mit der zweiten Hasselblad, welche mit dem Normalobjektiv versehen war, um Aufnahmen schräg von oben zu machen. Danach riet Fred zu Aufnahmen im freien sonnigen Gelände des Wanderweges, der nebenan lag und sogar mit Grünpflanzen bewachsen war. Dazu schnappte er sich die Schlange mit seiner verlängerten Zange und ehe sie sich versah, lag sie lang ausgestreckt auf dem Weg. Aufnahme, noch eine, das Tier war nun zornig und wollte Fred angehen. Er winkte mir zu, bereit zu sein und streckte ihr seinen Leder-, Wander- und Wüstenstiefel entgegen. Krach, fuhr der Kopf vor und klick und klack machte meine Kamera. Zwei winzige Beißlöcher vorne im rechten Schuh Freds bewiesen, dass er nun, barfuß oder nur in Strümpfen gewesen, also im Sterben liegen würde.

Einen Tag später trafen wir uns noch einmal in der Mojave. Fred wollte mir noch andere Tiere der Wüste zeigen und war sehr interessiert daran, dass ich mit reichlich guten Fotos nach Hause zurückkehrte. So gelangen noch Bilder von der Wüstenschildkröte, jene Art von genügsamen Tieren, welche Walt Disney in seinem Film so lange zappeln ließ. Ich konnte unter seiner Führung in den Früh-, Spät- und Nachtstunden diese Wüstenbewohner fotografieren: Noch mehr Schlangen, Eidechsen und Kröten, Falken und Adler, Schleiereulen und Wachteln, die Trauertaube, Kojoten, Schakale, Bighornschafe und Maultierhirsche. Natürlich auch den Rennkuckuck, über dessen Abenteuer ich in meinem Buch „Meine Vögel und ich“ berichten werde. Dann kam uns von vorne eine Eidechse entgegen, die schon die Größe eines Waran besaß, aber aufrechter zu gehen schien. Fred stellte sich ihr in den Weg, um sie zu reizen und für mich zum Fotografieren bereit zu stellen. Das klappte. Es war eine Art ähnlich der Kragenechse und ebenfalls sehr kämpferisch. So war sie hier: Statt uns auszuweichen stellte sie sich groß dar und fauchte vernehmlich auf und täuschte eine Größe vor, welche sie nicht besaß. Klar, dass meine Kamera sich fast „heißlief“. Ich habe schon verlauten lassen, dass ich den sympathischen und perfekten Fred noch einmal treffen werde und mit ihm seinen Freund George, einen Rennkuckuck und richtigen Renner, wenn‘s ums Fotografieren geht.

Ich möchte die USA nicht verlassen, ohne meiner Leserschaft **„Mayer‘s Garden“** (Name geändert) vorzustellen. Ein guter Freund aller Kriechtiere, nämlich Conrad Ferdinand Mayer, (Name geändert), Philanthrop und Dollarfürst, hat ihnen ein Biotop hinstellen lassen, das Gott, selbst in bester Schöpferlaune, nicht hingekriegt hätte. Auf den festen und tief eingelassenen Betongrundmauern einer Fabrikhalle von 400 mal 200 Metern, auf denen die Stahlträger noch unverrückbar standen, machte er eine „Halle zum Hinschauen und Hinhören“, in der er, - so vermuteten Nachbarn -, seine Lieblingsmusik, nämlich Carl Orffs „Carmina burana“, jeden Tag einmal anhören könnte. Ein Irrtum das! Nachdem das ganze Gebäude vollkommen verglast und mit Außenjalousien versehen war, außerdem Karren von Sand, Felssteinen und Althölzern eingefahren worden waren, ahnte man Verwerfliches statt Kulturelles und lauschte Sir Conrads Verlautbarungen:

„Dies wird ein Überlebenshaus für Reptilien und Amphibien.“

„Kommen Sie herein, Sir.“

Ich folgte ihm in die Mitte des Saales an einen Tisch, wo eine Mamsell bereits gedeckt hatte und zur Bedienung bereit saß. Das war wohl auch die Essenszeit einiger Bewohner der Halle. Ich merkte es schon: Wer nicht bereit war, seinen Napfkuchen oder seinen Becher Kaffee mit anderen hungrigen und durstigen Kreaturen zu teilen, braucht gar nicht erst herzukommen – Sir Conrad liebt es nicht, wenn seine Lieblinge als Wesen zweiter, gar dritter Garnitur behandelt werden. Diese Wesen und ihre Marotten! Ich zähle sie hier einmal auf.

Zunächst erstens Teju „Teju“, *(Salvator merianae),* ein ziemlich frecher Bursche, der mir in den Schuh biss und so lange festhielt, bis ich ihm ein belegtes Brötchen „made in Germany“ vorgelegt hatte. Dann drängte sich zweitens der Dornteufel „Luzifer“ vor, *(Moloch horridus),* der aber ganz bescheiden den Tisch hochkletterte, sich eine Scheibe Schinken vom Tablett stahl und dann zufrieden abzog.

Drittens war Tannenzapfenechse „Woody“, *(Tiliqua rugosa) zw*ar keine Schönheit, aber sehr zufrieden, wenn man ihr kleine Fleischklößchen herrollte. Als viertens das kompakte Gilatier „Gila“, *(Heloderma suspectum)*, sich heranschob und meine Beine beschnupperte, wurde mir unwohl und der Appetit blieb im Hals stecken, aber Conrad winkte ab und beruhigte mich:

„Wir haben ihnen allen, die gefährlich werden können, die Zähne gezogen.“

Gila wurde mit einem „Hamburger“ befriedigt. Als fünfter hatte da nun Panthergecko „Gekko“ Platz, *(Eublepharis macularius)* und die Chance, einen Happen Camembert von Conrads Teller zu rauben und eiligst davon zu huschen. Dem, sechstens nächsten Gast „Testi“, einer Pantherschildkröte *(Testudo pardalis),* die nicht klettern konnte, servierte ich auf ihren Blick hin einen Windbeutel. In dessen Schlagsahne wälzte sie ihren Kopf und sah dabei ulkig aus. Siebtens: In ihrem komischen Kriechgang ringelte sich nun „Croty“ auf uns zu, und weil Conrad sie anfasste und ihr eine Frankfurter vorlegte, vergaß ich mein Entsetzen: Sie war eine Waldklapperschlange *(Crotalus horridus),* und natürlich zahnlos. Zum achten: Die mächtige Rautenschlange „Argi“ *(Morelia argus)* ließ sich vom Baum über uns hinab gleiten, um von Conrad ein halbes gebratenes Hühnchen in Empfang zu nehmen. Nun endlich zum neunten, letzten und sehr bescheiden bestieg mich rechts dasjenige Wesen, das ich am liebsten zurück nach Old Germany mitgenommen, dort wie ein eigenes Kind gepflegt hätte, dann aber doch nur als Titelbild dieses Buches verewigt habe: Halsbandleguan „Kollar“ *(Crotaphytus collaris).* Er erklärte mich in aller Bescheidenheit zum augenblicklichen Hausfreund und wir aßen zusammen ein

Stück Ananastorte mit Eiskreme, das ich mit Salmiakpastillen dekoriert hatte und tranken auch gemeinsam eine Coca Cola.

Wenn meine werte Leserschaft mit mir einig ist, dass ich an diesem wohl einmaligen Ort ins längst vergangene Paradies zurückgetreten bin und plötzlich keinerlei Heimweh mehr verspürte, dann, ja dann möchte ich mich jeder Kritik an Conrad Ferdinand Mayer enthalten.

* * * * * *

Ich blieb drei Tage hier, weil Conrad mir den offiziellen Auftrag erteilte, „alle meine Viecher hier durch und durch zu fotografieren."

„Sie sind der erste Besucher, Sir, der meinem ganzen System hier durch und durch positiv gegenüber steht."

Naja, das stimmte zwar nicht, aber es war doch überzeugend, was mit genügend Dollars auf die Beine gestellt werden konnte. Ich durfte nun alle „Lebensräume" dieses Riesenterrariums besichtigen und fotografieren. In einem metertiefen Becken konnten sich drei mittelgroße Alligatoren tummeln und schwammen sofort herbei, als ihr Herr auftauchte. Ihnen lebendes Futter anzubieten, nun, das mochte Conrad doch nicht tun: So ließ er ihnen vom Futtermeister in hohem Bogen Schlachtabfälle zuwerfen, wobei sie mehr Routine zeigten als jeder Torwart. Halsbandleguan Kollar war inzwischen in sein Arizona-Revier zurückgekehrt und bezog Posten auf einem Felsgestein aus Kunststoff.

Dann blieben Conrad und ich an einem Lianen- und Efeuvorhang stehen, der so echt aussah, als wäre er ein echter.

„Der verdorrt nie und braucht auch kein Wasser“, erklärte Conrad, „kommen Sie mit mir in meinen Amazonas-Urwald, der ein Plastik-Urwald ist. Aber die Tiere sind echt – garantiert.“

Ich zähle ein halbes Dutzend auf, damit deren Liebhaber in Deutschland sich orientieren können: Goldfröschchen *(Mantella aureantica),* Baumsteiger *(Dendrobates),* Waldsteiger (*Leptopelis notatus),* Stummelfußfrosch *(Leptopelis millsoni),* Mittelmeerlaubfrosch *(Hyla meridionalis)* und Fleckenriedfrosch *(Hyperolius viridiflavus).* Einige von ihnen sahen wirklich „plastisch“ aus und rührten sich durch mein Blitzlicht nicht, das sie ja eigentlich in diesem Dämmerlicht aufschrecken müsste. Als eine Grüne Mamba *(Dendroaspis viridis)* einen Meter vor meinem Gesicht an einem Ast hin- und herbaumelte, packte mich doch Todesangst, aber dann fiel mir ein, dass Conrads bester Zahnarzt ihnen alle Zähne gezogen hatte. Im Großen und Ganzen gebe ich zu, dass ich froh war, dieses perfekte unnatürliche Naturreich verlassen zu dürfen - „ins Leben zurückgekehrt“ nennt man das wohl.

Eine lustige Geschichte, welche meiner zehnjährigen Tochter viel freudige Unterhaltung bot, erlebten wir auf der Isola de Brisi im Lago Maggiore. Und gleichzeitig für mich als spezieller Freund der Mauereidechsen. Kennern ist bekannt, dass diese Eidechse viele regionale Unterarten ausgebildet hat: Je nachdem, ob sie aus Deutschland, Sizilien, dem Tessin, aus Mallorca oder Teneriffa stammt - ein paar Beispiele nur. Auf der genannten Insel, wo es von Mauereidechsen wimmelte, konnten wir von einer Mauer bequem auf ein Ziegeldach blicken, das sich in der Morgensonne des April schon aufgewärmt und zwei Dutzend Eidechsen angelockt hatte. Sie betrachteten uns ungeniert aus einem Meter Entfernung, so dass ich sie gut fotografieren konnte.

„Können wir sie nicht füttern?", fragte meine Tochter.

„Sie essen hauptsächlich Tierisches", antwortete ich, „und auch süßes Obst wie Weintrauben und Erdbeeren – beides haben wir nicht bei uns."

Doch, weil wir soeben trockene Brötchen kauten, kam mir ein Gedanke. Ich formte aus ihrem weichen Teil kleine Kugeln in der Größe unter einem Zentimeter und ließ eine versuchsweise übers Dach zwischen die Eidechsen rollen. Damit setzte ich einen Eidechsen-Volksauflauf in Bewegung, den ich mir nie hätte, den sich auch Walt Disneys Kameramänner nie hätten vorstellen können. Ich wunderte mich erst einmal, und meine Tochter tat es auch, dass diese scharfäugigen Reptilien die Kugeln für lebende, zu jagende Beute hielten, aber noch mehr, dass sie auch aufgegessen wurden.

Als wir das Spiel wiederholten, kamen Eidechsen von anderen Dächern und Hausmauern herangehuscht, so dass eine Wuselei entstand, in der die jungen Tiere natürlich zu kurz kamen. Das ärgerte meine Tochter beträchtlich. Und da entstand meine zweite Idee: Ich pflückte ein paar in der Nachbarschaft wachsende harte Grashalme von über fünfzig Zentimeter Länge, spießte die Brötchenkugeln auf und ließ meine Tochter diese über den Grashalm jungen Eidechsen anbieten – sie schnappten sofort zu.

Ich weiß nicht, ob das vor oder nach uns weitere Echsenfreunde gemacht haben, ich weiß nur eines sicher: Dass Ilka, so heißt meine besagte Tochter, hier an Ort und Stelle den kompletten Urlaub verbracht hätte, wenn nicht sein Ende angestanden...

Wieviel karger das Reptilienleben in **nördlichen Breiten** ist, konnte ich im folgenden Jahr in Schweden erleben. Da waren sie jedoch alle vertreten, welche „vivipara“ sind, also lebendgebärend. Ich brauche diesen Begriff nicht noch einmal vorzustellen. In einer Reisegruppe, welche Kraniche in Norköpping beobachten wollte, war ich das einzige Mitglied, das seine Blicke auch zu Boden richtete und fündig wurde, wo die anderen nichts davon wussten, was auch hier und bis zum 70. Breitengrad vorkommen konnte: Waldeidechsen, Blindschleichen, Kreuzotter, Erdkröte und Wechselkröte. Dank meiner Führung stießen wir auch auf einige Elche, welche wir sonst nicht gesehen hätten.

In **Ostpreußen,** früher deutsch, heute zum größten Teil polnisch, habe ich erlebt, wer den zweitgrößten Einschnitt in die Biotope der Kriechtiere und Amphibien verursacht: der Mensch natürlich, wer sonst! Wir waren bei Dunkelheit und leichtem Regen im Mai in einem Reisebus nach Allenstein unterwegs. Als wir ein zwei Kilometer langes Waldstück durchfuhren, schien der Herbst eingefallen zu sein, denn jede Menge Laub lag auf der Straße – Laub im Mai? Ich ging nach vorn zur Windschutzscheibe und stellte fest, dass jedes Blatt ein Frosch war, die meisten vom vorhergehenden Verkehr bereits überfahren. Und immer neue Scharen kamen links vom Wald, ja Kolonnen sogar, und wurden vom Verkehr platt gefahren. Da ist jeder Naturfreund völlig machtlos und kein Argument erfolgreich, denn gegen Touristen- und Berufsverkehr ist nirgendwo ein Kraut gewachsen.

Ich erwähnte den „zweitgrößten“ Einschnitt, also muss es nach meiner Meinung einen noch größeren Einschnitt geben – gibt es: Den Verlust geeigneter und seit Hunderten, wenn nicht Tausenden Jahren funktionierender Lebensräume. Im russischen Teil des ehemaligen Ostpreußen, der im Sinn moderner Landwirtschaft außergewöhnlich rückständig ist, „extensiv“ nennt der Fachmann das. Da gab es Äcker, Wiesen und Viehweiden, die im Mai wegen permanenter Nässe noch nicht zu bearbeiten waren. Sie wimmelten von sich paarenden Fröschen derartig, dass die Wasseroberfläche zu kochen schien. Ich zählte mehr als 200 Störche, die hier nicht nur satt wurden, sondern auch ihren Nachwuchs so intensiv ernähren konnten, dass er um drei Wochen eher flügge war als der in Schleswig-Holstein.
An einem Storchennest, das von einem Kirchturm her gut einsehbar war, habe ich einen halben Tag angesessen, um zu fotografieren und zählte kummervoll den Anflug der beiden Elterntiere. Bei jeder Rückkehr würgten sie ihren Jungen einen Ballen von geschätzten fünfzig Fröschen auf den Horst. Und wieviel mochten die Alttiere selbst täglich verschlingen? Ein deutsch sprechender Russe versicherte mir, dass Störche niemals die Frösche ausrotten könnten - „aber wenn hier die geplanten Bodenverbesserungen greifen, sind schon nach einem Jahr rund neunzig Prozent dahin.“

Letzte Abenteuer und Ausklang

Ich werde nicht verraten, wie lange ich meinen Lieblingen mit der Kamera nachgestiegen bin beziehungsweise sie mir ins Haus und in den Garten geholt habe, noch wie oft ich sie bei anderen Tierfreunden fotografieren musste. Auch eine Bilanz werde ich nicht ziehen – alle sind schon tot, die

in meinem Archiv weiterleben und neuerdings gescannt werden, um sie noch länger zu erhalten. Moderne Terrarien- und Aquaterrarientechnik macht es möglich, fast alle Arten zu züchten und so auch dann zu erhalten, wenn ihre Lebensräume „draußen“ immer mehr beschnitten werden. So kam ich zu diesen Aufnahmen, ohne verreisen zu müssen: Amerikanische Erdkröte *(Bufo americanus),* Mexikanische Mokassinotter *(Agkistrodon bilineatus),* Zweifarben Blattsteiger *(Phillobates bicolor),* Färberfrosch *(Dendrobates tricolor),* Fleckenfrosch *(Hylambates maculatus),* Königslaubfrosch *(Hyla regilla),* Diamantklapperschlange *(Crotalus atrox),* Indigoschlange *(Drymarchon corais),* Walzenskink *(Eumeces obsoletus)* und Grüner Laubfrosch aus Amerika *(Hyla cinerea)* – eine Auswahl nur! Ich mache noch einmal darauf aufmerksam, dass ich meine Leserschaft davor „warnen“ möchte, mich als Fotospezialisten à la Kriechtiere und Amphibien anzusehen.
Es ist so, dass ich meine Aufzeichnungen aufgeteilt habe, wie ich schon andeutete: Jeweils in „Meine Wildtiere...“, „Meine Reptilien...“, „Meine Haustiere...“ und „Meine Vögel und ich“. Auch habe ich viele Insekten, Pflanzen und Landschaften fotografiert, werde ihnen aber keine eigenen Werke widmen.

ENDE

Anhang

Auflistung der von mir in diesem Buch fotografierten Reptilien und Amphibien frei nach dem Alphabet:

Anakonda, Äskulapnatter, Alligator, Aspisviper, Alpensalamander
Blindschleiche, Brillenkaiman, Boa, Bartagame, Baumsteiger, Bergmolch
Chamäleon
Dornteufel
Erdkröte
Feuersalamander, Färberfrosch, Fleckenriedfrosch
Grasfrosch, Glattnatter, Gelbbauchunke, Grüner Leguan, Grüne Mamba,
Geburtshelferkröte, Griechische Landschildkröte, Goldfröschchen,
Gilatier, Gabunviper
Halsbandleguan
Indigoschlange
Kreuzotter, Kreuzkröte, Kamm-Molch, Knoblauchkröte, Kubalaubfrosch,
Königslaubfrosch, Kobra
Mauereidechse, Mangrovenschlange, Mittelmeerlaubfrosch
Nilwaran
Puffotter, Perleidechse, Python, Panthergecko, Pantherschildkröte
Ringelnatter, Rotbauchunke, Riesengürtelschweif, Rautenschlange,
Ruineneidechse
Smaragdeidechse, Sumpfschildkröte, Schnappschildkröte, Sandotter,
Siedleragame, Stummelfußfrosch

Teichmolch, Teju, Tannenzapfenechse
Waldeidechse, Würfelnatter, Wechselkröte, Wassernatter, Wüstenwaran,
Waldklapperschlange, Waldsteiger, Wasserfrosch
Zauneidechse, Zornnatter, Zweifingerblattsteiger

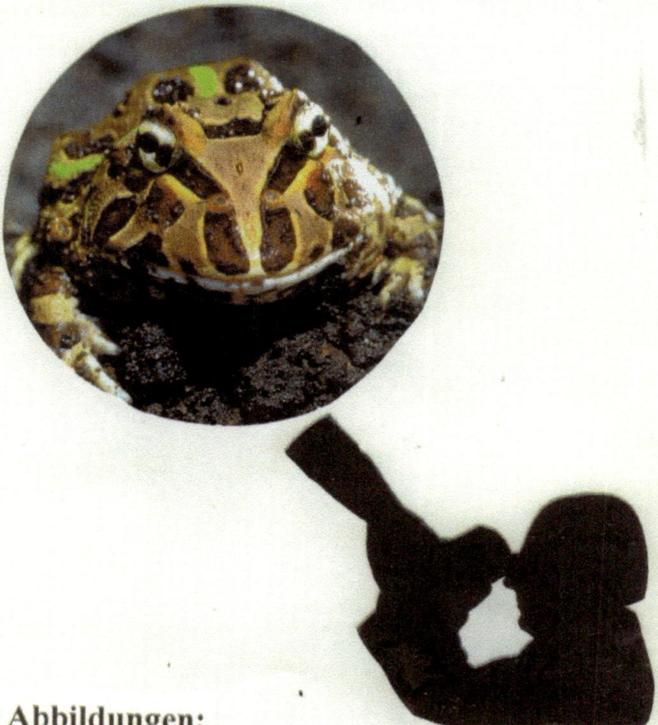

Die Abbildungen:

Nicht alle dargebotenen Bilder entstammen dem großen Archiv des Autors. Das hat zwei wichtige Gründe. Erstens: Jene Diapositive, welche zwischen 1958 und 1980 entstanden, sind schon den Weg des Zeitlichen gegangen, also vergilbt oder verblasst. Zweitens: Der Autor hat trotz seines intensiven Fotografierens doch nicht immer alle Motive ausreichend gut ablichten können. So hat er auf den Internet-Bildanbieter „Pixabay“ zurückgegriffen, dem hiermit vom Verlag und Autor herzlich gedankt sei!

Verlag und Autor weisen darauf hin, dass bereits der erste Band „80 Jahre mit Tieren auf Du“ erschienen ist und „Meine Wildtiere und ich“ zum Thema hat. Welche bald folgen werden, habe ich bereits genannt.